'26年版

最強の

作文 小論文

成美堂出版

テクニックを身につける必勝法！

合格するための

チャレンジ5カ条

1カ条 自分を知る
自己分析をして自分を知り、できること、したいことを見つける。

2カ条 日本語の復習をする
漢字の読み書き、句読点の使い方は基本中の基本。

3カ条 手書きで書く
パソコンを使って書くのではなく、手書きで書く。

4カ条 「経験」を語る
身近なできごとや自分の体験を語る。

5カ条 繰り返し書く
さまざまなテーマを設定し、書き慣れる。

この本の使い方とポイント

就職試験における作文・小論文は、面接試験と共に人柄をアピールできる絶好の機会です。「最近は、文章が書けない人が多い」と言われていますが、少しの努力と復習で見違えるように、しっかりとした文章が書けるようになります。

本書は、そんなあなたのチャレンジに役立つようにと構成しました。

PART 1 作文・小論文で求められるもの

試験の目的や企業の着眼点をひもときます。

PART 2 テーマをとらえる

テーマをとらえるために、“自分を知る”ことをもう一度やってみます。自己分析はどんな試験にも大切です。

PART 3 作文・小論文のテクニック―初級編

文章を書くに当たっての基本である日本語の復習をしてみましょう。小学校から高校までの国語の総復習です。

PART 4 作文・小論文のテクニック―上級編

読ませる文章、伝わる文章を書くためのテクニック編です。読み手に印象づけるための具体的な方法をまとめました。

PART 5 作文・小論文のテクニック―実践編

さまざまなテーマを想定して、実例を挙げました。**〈書くためのポイント〉〈企業はココを見る〉〈アドバイス〉〈合否の分かれ目〉**など項目ごとに、しっかりと読み進めていってください。

本書は原則として2024年4月現在の情報に基づいて編集されています。

もくじ

PART 3 作文・小論文のテクニック——初級編 39

PART 1

作文・小論文で求められるもの

企業は一緒に働く仲間として、あなたがふさわしい人物かを見ようとしている。試験では、“自分”というものを把握しているかが一番のチェックポイントになる。

1 作文・小論文で個性をアピールする

就職試験での作文・小論文は、企業が、一緒に働く仲間としてあなたがふさわしいかどうかを見極めるもの。

採用者側が見つめるさまざまな資質

　最近の就職試験では、採用者側は、教養試験だけではわからない人となりや、能力、資質を見極めようと工夫をこらしている。面接重視の傾向はもちろんのことだが、**作文・小論文で、内面的資質をより深く探ろう**というのも、現在の傾向だ。

　内面的資質には、受験者の性格はもちろんのこと、社会性や独自性、思考力や判断力、文章そのものから判断できる文章力、構成力、はたまた、漢字知識までもが含まれる。

　また、組織で働くということは、個人の能力プラスまわりの人との協調性も重要な要素となってくる。仕事は、人との関わりのなかで、与えられた業務を遂行しなければならない。時には、意見の違いがあったり、どこかで折り合いをつけるようなことも生じてくる。自身のオリジナリティーと職場への適合性という、バランス感覚も要求されるわけだ。

　これらの要素が一つひとつ相互に関係し合って、その人の資質をつくりあげる。企業側は、この複雑な要素のなかのできるだけ多くを、拾いあげようとしている。たくさんの就職活動生のなかから共に働く者として合格点に達している者を探しているのだ。

❶作文・小論文で個性をアピールする

自分をアピールする文章を書く

大学入試の作文・小論文試験では、その学問分野に対してもっている知識の高さを示すことや、自由な価値判断が個性として魅力につながることがある。しかし、就職試験においては、企業に対して、自分という人材が、どれくらい魅力ある商品であるかをＰＲしなければならない。**他の人よりいかにおいしい買い物であるかを訴える**ことが大切なのだ。

自分のやる気を訴える方法として、具体的には、人とのコミュニケーションが円滑にとれるか、実際の仕事に対する能力をもっているかを、自己ＰＲしなければならない。そして、**自己ＰＲをするには、"自分"というものをきちんとわかっている必要がある。**自分を知るにはいろいろな方法がある。過去の自分を振り返ってみて、ことがらを時系列に整理したり、自分の長所、短所を書き出してみるのも一つの方法だ。自分を知って、自己ＰＲするテクニックを習得しよう。

たくさんの角度から判断される採用試験

近年の採用試験では、適性検査や筆記試験などで能力を確かめ、面接試験やグループディスカッションで、"人物"を見、エントリーシートや作文・小論文では、内面の資質を見つめる。このように多方面から考査して、その企業にとって、本当に有益な人材かどうかを判断している。

作文・小論文を書くときには、エントリーシートに書いた内容との一貫性や、次に行われる面接試験への布石としての内容であることも意識しなければならない。

また、**就職試験では、業種や職種によって、求められる価値観や考え方に違いがある**ということも、念頭において行動しよう。受験者側もさまざまな角度から企業を研究する必要があり、柔軟な対応が一人ひとりに要求されている。

information ＋ α

実践練習をつもう

本番と同じ形式で、作文を書いて練習をしてみよう。たとえば、800字を60分で仕上げてみる。予想される課題を設定し、時間内での作業手順を実際に行いながら、書いてみる。早く書き終えても、初めに設定した時間まで使って、やってみよう。仕上がったものは、他の人に読んでもらい、批評してもらう。それに従って、さらに書き直しまでできれば、完璧だ。

❶ 構想を練る
↓
❷ 書き始める
↓
❸ 書き上げた部分の読み返し・残り時間確認
↓
❹ 書き終える
↓
❺ 見直し・推敲《すいこう》

2 企業はここを知りたい

行動力があり、経験や結果を振り返ることで自己分析ができる人が企業のほしい人材。

企業は、精神的強さと行動力のある人を望む

近年は、就職試験の特徴が「量より質」へと変わってきている。人件費の削減などの理由から、企業が人材の質を厳しく求めるようになったからだ。

仕事が忙しくても、「今にみていろ」「もうひとがんばり」と思える人、いつでも明るく、人ときちんと話ができる**コミュニケーション能力のある人が求められる人材となる。**自分が行動せずに他人の批評をするのは簡単なことだが、そうではなく、自分自身で行動できる人が魅力的なのだ。

また、「この件に関してどう思う?」と聞かれたときに、意見のない人は困る。自分の意見や価値観をきちんともっていて、世の中に対応できなければ、流動的な世の中を乗り越えていくことはできない。さまざまなできごとに対して、常にアンテナを張りめぐらせ、きちんと反応できるようにしておこう。そこから、独自の意見ももてるようになる。

自分自身がもっている潜在的な能力を、自分の中から見つけ出す作業を続けていかなくてはいけない。新しいものを見つけようとするチャレンジ精神の持ち主であることを見極めようと、採用者側は、あの手この手で攻めてくるのだから。

企業や時代によって変わる求められる人物像

企業が欲しいと思う人物とはいったいどんな人なのだろう、と考えてみるとき、業種や職種のことを抜きにして考えることはできない。**業種とは、事業の種類による区別のこと。**たとえば、ものを製造する製造業、販売する流通業、お金を動かす金融業などのことをいう。また、**職種とは、営業職、事務職、技術職、企画など、仕事内容による区別のことを指す。**

建設業界で営業に向く人材は――、製造業で企画に携わる人の特性は――などと、業界ごとにイメージされる人

物像はあるが、本当は一つひとつの企業によって、求める人材は異なっているものだ。

　また、時代背景やその企業の置かれている立場によっても、刻々と変わる。それぞれの企業の人材への考え方をきちんととらえて、ことにあたることが大切である。

●業界分類

- 作る → 製造
- 売る → 流通・小売
- お金 → 金融
- サービス → サービス・レジャー　マスコミ
- 社会基盤（インフラ） → エネルギー　建設　IT・通信　運輸

自分自身をきちんと理解している人が強い

　学生時代の過ごし方もいろいろある。取り立てて何をするでもなく漫然と過ごしてきた人、サークル活動でもアルバイトでも一応は具体的経験をつんだ人。また、その経験から、“どうして？”“なぜ？”と考えることができる人。

　事実や結果に対して充分な検討ができ、そこから自分を振り返って、自分というものの「座標軸」が定まっていれば、できることは何か、一番大切だと思うことは何かが、おのずと明確になってくる。

　このように、**採用者側は、自分というものをしっかり理解している人がほしいのだ。**そうすれば、仕事の方向性は見えてくる。すぐに仕事ができる人を求めているのではない。将来に対する可能性をもっているかどうかが問題なのである。採用試験で、自分の輝きを見せることができるかどうかである。

仕事力と性格をチェックしてみよう

採用試験では、面接にしろ、作文・小論文にしろ、自分自身をきっちり把握していることが攻略の鍵となる。

自分には、仕事に対するどんな能力が備わっていて、どんなところが不足しているのだろうか。仕事をするにあたっての基本的能力のチェックをしてみよう。得手不得手が浮かんでくるはずだ。また、自分の性格を判断してみて、五段階で自己採点してみよう。

仕事力、性格ともに、「かなりある」と思えば5を、「ある」と思えば4を、「まあまあある」と思えば3を、「あまりない」と思えば2を、「ない」と思えば1をマークしてみよう。マークした点をつなげていけば、能力の傾向や性格の特徴が見えてくる。

次の章で自己分析をする前に、ウォーミングアップとしてやってみることを勧める。

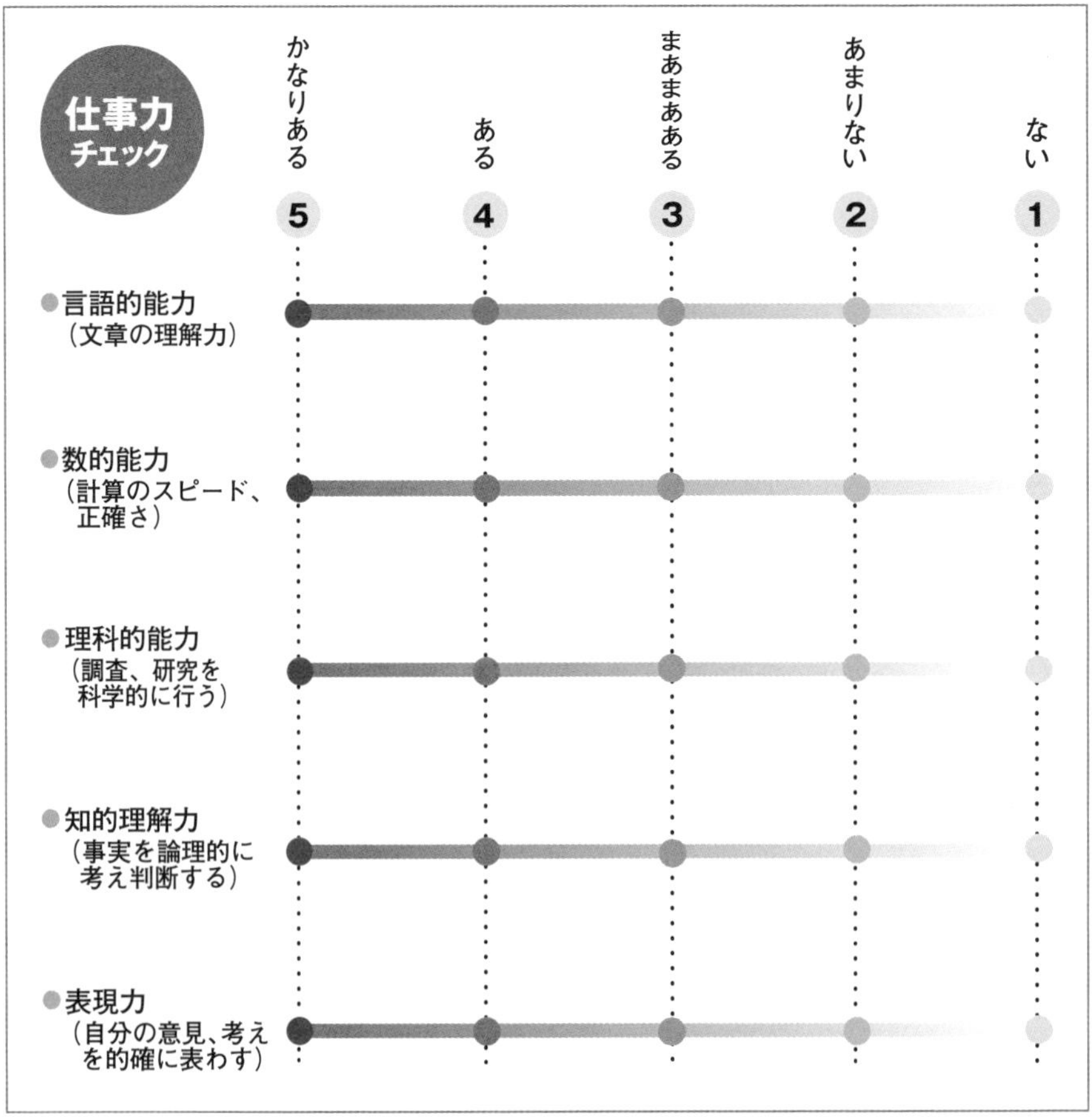

性格チェック

	かなりある 5	ある 4	まあまあある 3	あまりない 2	ない 1
積極性（物事に前向きに取り組む）					
協調性（まわりのことを考えられる）					
責任感（引き受けたことをやり通す）					
誠実性（まじめで真心がある）					
勤勉性（物事に一生懸命取り組む）					
忍耐力（苦しいことを耐える）					
独自性（自分の特徴などを発揮できる）					
情緒安定性（感情が穏やかである）					
柔軟性（状況に適応できる）					

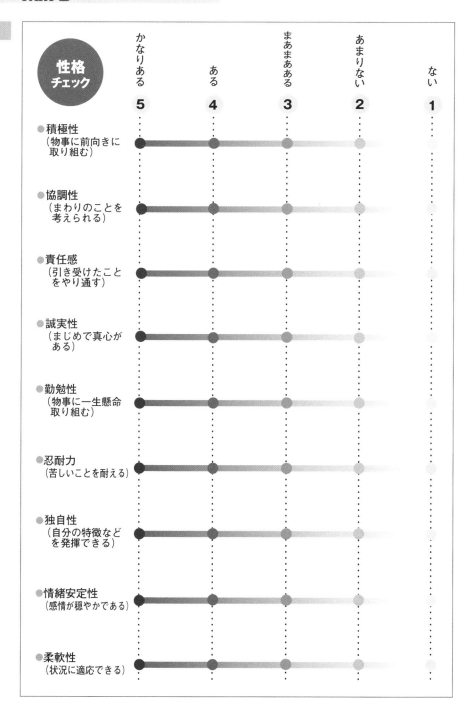

③ 作文と小論文の違いを確認する

作文は、自分自身の体験に対して感じたことを書く。小論文は、自分の意見を論理的に書く。

作文試験と小論文試験がある

採用での文章試験には、作文試験といわれるものと小論文試験といわれるものがある。それぞれの特徴や違いはどんなところにあるのだろう。

作文とは、自分が経験したことなどに基づいて、感想や思ったことを表現するものである。また、私の性格、友人、生活などというように身の回りのできごとに関して感じたことを述べたり、自身を紹介するものである。

小論文とは、世の中のできごとや与えられたテーマに対して自分の意見を述べるものである。

採用者側は、**作文試験では、その人の人となりや感受性を見ようとしている。また、小論文試験では、物事に対して論理的、客観的な見方ができるかどうか、的確な判断力の持ち主であるかどうかを探っている。**

どちらの試験にも共通していえることとは、人柄を見るということと、一般常識的な基礎の知識を持ち合わせているかを知ろうとしているということである。

作文・小論文、どちらの試験にも対応できるように準備しておくことが大切だ。それぞれの試験にあった攻略法を考えておこう。

作文・小論文ではテーマが違う

作文と小論文では、与えられるテーマの傾向が違ってくる。

作文で与えられるテーマは、身近なできごとに関する課題が多い。たとえば、「私の学生生活を振り返って」「最近一番感動したこと」「将来の夢」などというように、自分の感情や思っていることを自由に自分らしく表現することを目的とするテーマが出される。また、抽象的なテーマというものも作文にはある。「豊かさについて」「勇気」「健康の大切さ」などというように、すぐにはイメージしにくいような課題である。

小論文では、論理的に意見を述べるものとして、たとえば、「国際社会と日本」「高齢社会と雇用について」「環境破壊」のようなテーマが出される。これらに対しては知識の豊富さや社会への関心度が試され、企業によってはある程度の専門性を見るところもある。採用者側がどちらの試験をもってくるのかを研究するのも重要だ。

頭を柔軟にしていろいろなテーマへ応用する

PART5の作文・小論文の実例でもわかるように、一つの作文・小論文でも少し内容を変えるだけで、いろいろなテーマに応用できる。

たとえば、学生時代のサークル活動のことを書いた内容であれば、「私の学生生活」というテーマはもちろんだが、「学生時代に得たもの」「私の友人」「心に残る思い出」「私の性格」などのテーマに応用できる。**一つの体験を取り上げてみて、どんなテーマづくりがいくつできるかを考えてみよう。**

また、小論文であれば、世の中のニュースや動きをキャッチできているという前提が必要ではあるが、自分の意見や主張がどんな事象に当てはまるかを検討してみるのもいい。

このように常に心のアンテナを働かせ、柔軟に考えを展開できるよう訓練しておこう。

information ＋ α

時事ニュースに慣れる

採用試験攻略の鍵の一つは、時事問題を攻略すること。日頃なじみのなかった新聞も、毎日目を通すことを心がけよう。面接や作文・小論文試験では、必須のアイテムとなる。

最初は、一面の記事の見出しと概要だけでもいいので、日々おさえるようにしてみよう。 慣れてきたら、分野別に細かく読むようにしよう。この積み重ねが意外とあなどれないものとなってくるのだ。

■新聞の分野別内容

- 総合 ➡ 最初はここだけでもいい
- 国際
- 経済
- 社会
- スポーツなど

コラム❶

職種研究をしたことありますか？

就職試験に取り組むとき、やっておきたいことの一つに職種研究がある。自分ができること、やりたいこと、どのような業界を目指すかの次に考えるのが職種研究。企業のしくみを知りながらどんな働き方ができるのかを探ってみよう。

志望職種がはっきりしているならば、作文・小論文の書き方も、柔軟性を示しつつアピールする方法はある。ここで職種についてもう一度復習を。

製造 ── 製品をつくる
販売(営業) ── 製品を企業または個人に売る
総務、人事 ── 社内の業務がスムーズに進行するようにサポートする
経理、財務 ── 社内のお金の動きを管理する
企画、開発 ── 新商品の企画立案や新製品の研究・開発をする

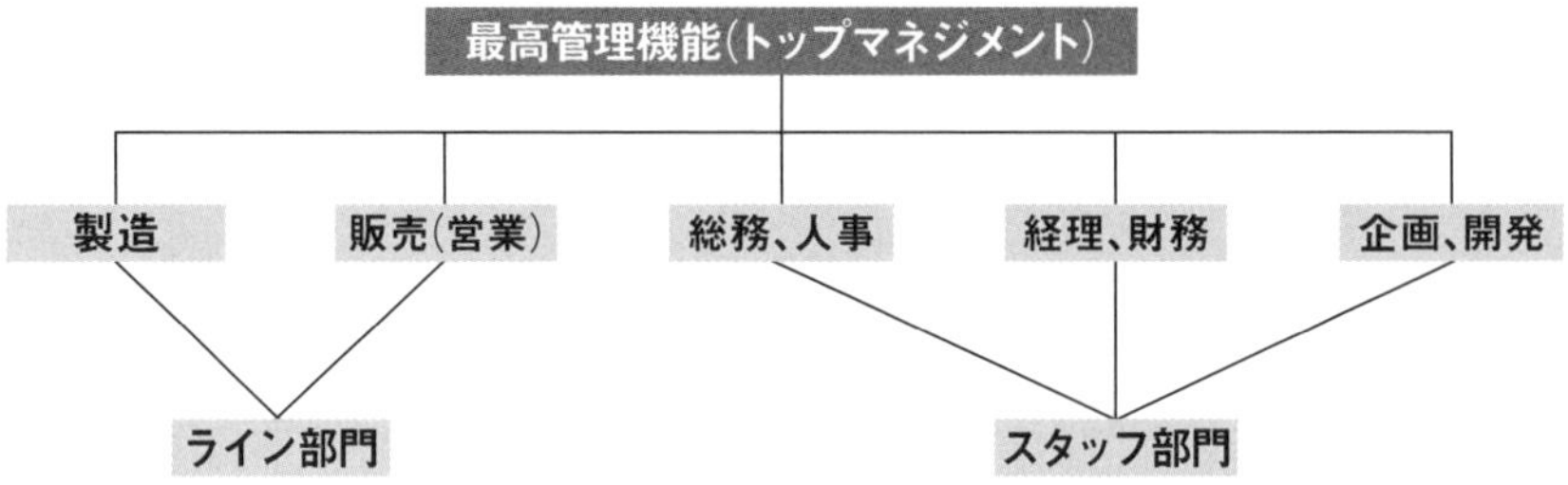

このほかにも、書籍やテレビ番組、インターネットのホームページなどを制作する、いわゆる制作関連職種や、金融商品にいろいろな角度からたずさわる金融スペシャリスト、コンサルタント業務など、たくさんの職種がある。

PART 2

テーマをとらえる

自己分析をして自分自身を知ろう。

ここでもう一度自分を見つめ直す。

4つのテーマ別テクニックから実際の書き方を覚えれば、その他のさまざまなテーマにも応用できる。

1 どんなテーマも自己分析から

自分の強みを見つけて、自分のやりたいことを知る。これが自己分析の最終目的だ。

「できること」と「したいこと」を見つける

就職試験での自己分析とは、自分を見つめ直す作業のこと。今まで自分の性格、特技、好きなことなどについて順序立てて考えてみたことはあるだろうか。知っている、わかっている、わかっているつもりでも、意外と誤った認識をもっているのではないだろうか。**企業に自己PRするには、自分の本当の姿、自分は本当はどうなりたいのかを見つめ直してみることが必要だ。**

たとえば、自分は細かいことをコツコツ作業していくことが好きで、裏方作業が向いていると思っていても、他者からみれば案外リーダーシップの取れる人間であると思われていたりする。また、じっくり考えることが苦手だと思っていても、それは機敏な行動力という長所へつながることもある。**自分の評価と第三者からの評価には、相違点がけっこうあるもの。**まわりの人に意見を聞きながら、自己分析の作業を進めよう。

作業を進めることによって、目的意識や就職観をはっきり自覚することができれば、成功である。作文や小論文を書くにあたって、どんなテーマが与えられても、ここがしっかりとしていれば、恐れることはない。

●こんなことが明確になればOK

- 長所と短所
- 好きなこと、特技
- 将来の夢（人生において・仕事において）
- 自己ＰＲポイント（自分の「売り」はどこにあるか）
- この業種、職種を選んだ理由（会社を選んだ理由）
- 印象に残ったできごと（成功談と失敗談）

自己分析のワークシートによりわかってくる自分

❶ここ数年を振り返る

今までの人生を振り返ってみよう。なるべく最近のことからさかのぼって、五年くらいを目安に生活状況、趣味、思い出に残ることなどを時系列で書き出してみる。自分の今に影響を及ぼしている、思わぬことが発見できるかもしれない。

❷内面を自己分析する

長所や短所を書き出し、これをさらに伸ばすにはどうしたらいいか、これを克服するにはどのような方法があるかまで掘り下げて考えてみよう。趣味などがあれば、そこから得たもの、感じたことを拾い出してみるのもよい。

また、体験談から成功例と失敗例を取り上げ、教えられたことなどを導き出せれば書き出してみよう。

頭のなかで混沌としていたものが、いくらかは整理がつくはずだ。

❸他者から意見を聞く

自己分析は、自分に対する評価が甘くなってしまったり、考え違いをしてしまったりすることがよくある。そこで、客観的な目で評価してもらうことが重要になってくる。まわりにいる家族、親戚、友人、先輩、上司など、立場の違う人に意見を聞いてまとめてみよう。自分が短所だと思っていたところが長所だったりすることもある。「人の意見は聞いてみるもの」ということを忘れずに。

❹人生の設計図を描く

十年後、二十年後の自分なんて想像もつかないなどと言っていないで、未来図を簡単でいいので描いてみよう。ライフプランとビジネスプランに分けて、こうなりたいと思うことを大雑把に書いてみる。そうすればこれがあなたの目標にもなる。

次ページ以降のワークシートに、記入例を見ながら書き込みをしてみよう。

ワークシート 1 ここ数年を振り返る

記入例

	学生生活（仕事）	趣味・熱中したこと	印象深い体験
1〜2年前（学生生活後半）	卒論のテーマ選びのためゼミの先生と対面やオンラインで話し合いを重ねる。	運転免許取得のため、大学の授業の空き時間を活用し、教習所へ熱心に通う。 学科教習はオンライン講習。	講師をしている学習塾のweb授業の企画や実践に携わった。対面とweb両方の良いところを取り入れて授業を進めていった。
3〜4年前（学生生活前半）	体育会のテニス部に入部し、学生テニス選手権大会出場を目指す。	ファストフード店でのアルバイトを始める。 ↓ 人に対する心配りや売り上げ目標に対して努力することを学んだ。	新型コロナウイルス感染症拡大による大会中止を経て、徐々に試合のできる環境が戻る。
5年前（高校時代）	大学入試を目指して、受験勉強にまい進。	ゲームが好きで、自分で作ってみたくなり、高校生対象のゲームプログラミングの講座を受講する。	高校最後の文化祭は実行委員長を務める。 ↓ 人をまとめることのむずかしさと達成したときの喜びを経験した。

ワークシート❶ ここ数年を振り返る

書き込みスペース

	学生生活（仕事）	趣味・熱中したこと	印象深い体験
1～2年前（学生生活後半）			
3～4年前（学生生活前半）			
5年前（高校時代）			

ワークシート 2 自己分析ノート

記入例

長所	どんな人とでも話をすることができる。 忍耐強い。 慎重に事を進める。	**ステップアップ** 勉強や仕事に対して具体的な目標を定めて、努力を重ねるようにする。
短所	自己主張が弱い。 独創性に欠けるところがある。	**努力する** 自分の意見をはっきり言うように心がける。
趣味・特技	小学校のときから、地域のサッカーチームにはいって、9年間サッカーをする。現在はチームのコーチとして子どもたちの指導にあたる。	**身につけたもの** チームワークの重要性。だめだと思ってももう一歩がんばる根性。
熱中したこと（サークル活動など）	大学のサークルで英語研究会（ESS）に所属。3年次には英語劇の主役を演じる。 サークルのみんなで1つのものを作り上げていく過程や、公演でたくさんの拍手をもらった経験は、何にも増して印象深い大学時代の思い出となる。 **成功談** 英語劇を通して、英会話に自信がつく。これを観た交換留学生とも友人になり、日常会話のなかに英語がはいってくる。 **失敗談** 英検準1級にチャレンジするが不合格。 **身についたこと・教えられたこと** 目標を達成するために努力した。計画的に学習すれば英検ももう少し得点できたはず。	

ワークシート❷ 自己分析ノート

書き込みスペース

長所	➡	ステップアップ
短所	➡	努力する
趣味・特技	➡	身につけたもの
熱中したこと（サークル活動など）	成功談	失敗談
	⬇ 身についたこと・教えられたこと	

ワークシート③ 他者からの評価表

記入例

	家族・親戚からみた	友人・先生からみた	仕事(アルバイト)仲間・上司からみた
評者	母	大学の友人	アルバイト先の店長
私の長所	明るいところ：友人が多く、人の話によく耳をかたむける。	社交的：だれとでも話ができ、周囲をなごませる雰囲気をもっている。	まじめなところ：与えられた仕事を一生懸命こなし、後輩の面倒もよくみている。
私の短所	整理・整頓が苦手：部屋の片付けが苦手で、無くし物をする。	積極性に欠ける：リーダーとして推されても引いてしまうことがある。	くよくよするところ：小さなことでも落ち込んでしまうところがある。
勉強・仕事ぶり	まじめ：宿題や与えられた課題はかならずコツコツとこなす。	根気がある：分量的、内容的にもむずかしい演習のレポートも3ヵ月かけて仕上げた。	創造性がある：お店の改善案に関する意見を求めたら、いろいろな案を出してくれた。

ワークシート❸ 他者からの評価表

書き込みスペース

	家族・親戚からみた	友人・先生からみた	仕事(アルバイト)仲間・上司からみた
評者			
私の長所			
私の短所			
勉強・仕事ぶり			

ワークシート 4 ライフプランとビジネスプラン

記入例

年	歳	ライフプラン	ビジネスプラン
20XX～20XX	20代前半	一人暮らしを始める。そのために料理教室に通う。	営業部に配属される。仕事の基礎を覚える。 ↓ パソコンスキルを磨く。日商簿記2級を取得。
20XX～20XX	20代後半	結婚をする。マイホーム購入を目標に貯蓄を始める。	社内外に人脈を広げる。 ↓ 異業種交流会などにも参加する。
20XX～20XX	30代前半	第一子誕生。子どもを通じた親同士のネットワークを作り、協力し合う。	主任に昇格する。 ↓ 27歳から英会話の勉強をスタート。33歳でTOEIC L&Rスコア800点を取る。
20XX～20XX	30代後半	第二子誕生。持ち家を購入する。住居が定まったことにより、「地域社会活動」にも積極的に参加する。	課長に昇格する。 ↓ 社内試験に合格するために経済関連の勉強に励む。

ワークシート ④ ライフプランとビジネスプラン

書き込みスペース

年	歳	ライフプラン	ビジネスプラン
	20代前半		
	20代後半		
	30代前半		
	30代後半		

2 『自己PR』の書き方

（それぞれの企業ごとの特徴を分析して、企業の特徴と自分の〝売り〟の重なる部分を探す。）

自分の体験や考えを見つめ直してみる

自分をよくわかっていなければ、自分のPRはできない。自己分析のページで行ったように、今までの経験を整理しよう。成果をあげたことがらや、がんばってはみたが失敗に終わったこと、印象深く心に残ったことなどを書き出してみる。

書き出したことがらに対して、どうしてそうなったのか、なぜそのように感じたのかを考える。この作業は自分を客観的に見る訓練になる。最初はむずかしいと感じるかもしれないが、かならずやってみよう。

企業が求めるスキルを考え、一つに絞って書く

企業にアピールできるスキルとして、語学やパソコンなどはもちろんだが、もう少し角度を変えて考えることもできる。

たとえば、コミュニケーション能力を表わす表現の仕方としては、「まわりの人との交流を大事にすることを常に心がけ、ゼミやサークル活動のなかでもリーダー的役割を果たしてきた」ということも書ける要素となる。

豊富なスキルに自信をもっていて、**書きたいことがたくさんあっても、的は一つに絞ったほうがいい。**一番言い

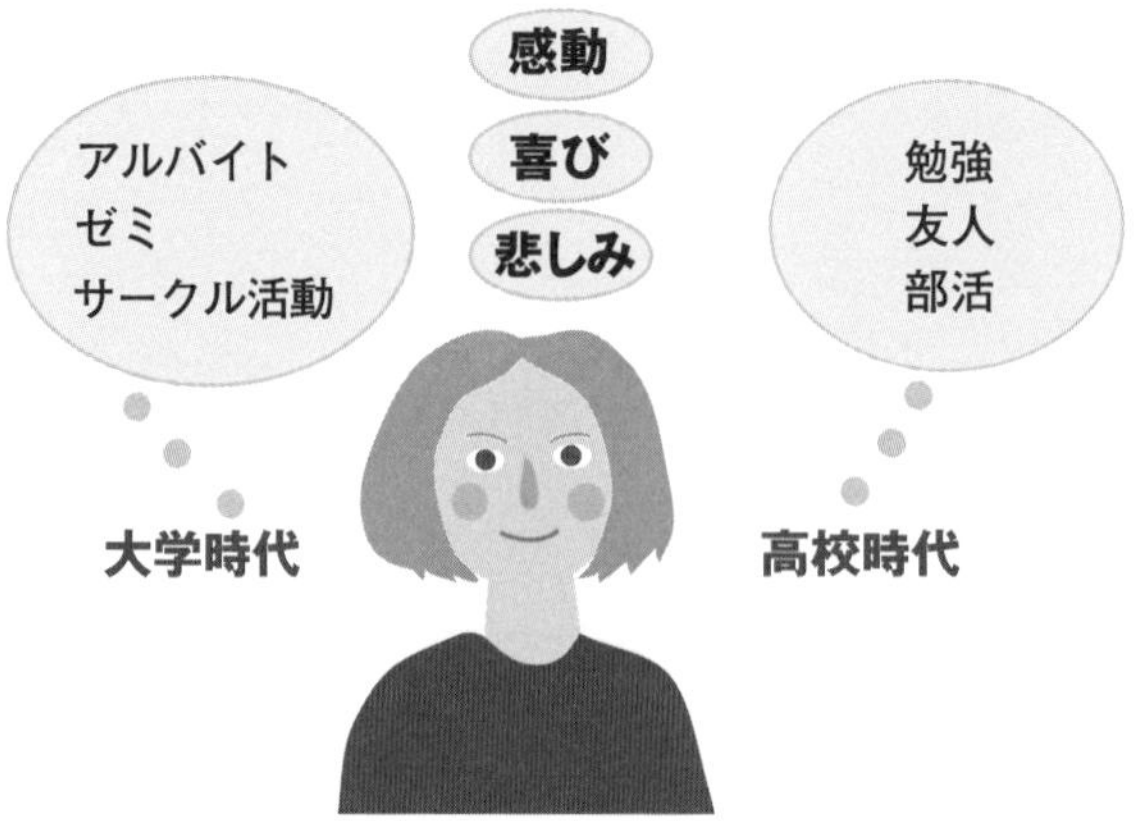

たいことを表現しよう。より印象づけるには、具体的な体験をわかりやすく端的に述べて、読み手に親しみやすさを与えることだ。

また、自分の能力を示しながらやる気もアピールしなくてはいけない。前向きな姿勢を強調しよう。困難なことが待ち受けているのは、どのような仕事に就いても同じこと。**その困難さに立ち向かう勇気をもっていることを、文章表現のなかに盛り込むことを心がけよう。**

アピールポイントがどのように活かせるかを書く

企業は、一社ごとにそれぞれ異なった特徴をもっている。強みの部分もあれば、弱い部分ももっている。希望する企業の特徴をよく研究して、自己分析した自分とすり合わせをする必要がある。

たとえば、新規事業に参入しようとしているところでは、固定観念にしばられている人物や、安定性を目指しているることがあらわな人は敬遠される。

このような企業がほしい人物とは、フレッシュな発想ができて、チャレンジ精神の旺盛な人だからだ。「企業の基盤を活かしながら、こんな新しい事業展開をしてみたい」という、意欲をアピールしなくてはいけない。もちろん、新卒者の場合は、具体的な提案などなかなかできるものではない。しかし、「こんな人材が社内にいたら、新風を吹き込んでくれるのではないか」と思わせるような書き方をしよう。**自分と企業の重なり合う部分を考えてみることが大切なのである。**

NOTE ■書き方のポイントを総復習

『自己PR』書き方手順

導入
一番言いたいアピールポイントを明示

↓

本文
アピールポイントを裏づける体験談

↓

本文の展開
体験から思ったこと、考えたこと

↓

結論
このような自分のどこが企業とマッチしているか

この展開パターンを覚えておけば、どのような自己ＰＲの内容でも書き上げることができる。まずは、試してみよう。

上達のポイント

- 今までの経験を書き出し、なぜそうなったのか、なぜそう感じたかを考える。
- 自分のスキルを具体的にわかりやすく述べる。
- 常に自分に引き寄せた話題で“売り”を表現する。

3 『志望動機』の書き方

自己PRと関連づけながら、企業研究をしっかりと行い、仕事に対する意欲を示す。

企業をきちんと理解することが第一

企業の会社案内やパンフレットは世の中にたくさん出回っている。そこには会社の概要やこれまでの事業の変遷、今後の事業展開などが、わかりやすくまとめてある。

最近では、見た目もきれいでデザイン性においても優れているものが多い。そのようなものを手にすると、つい内容を丸暗記してしまい、それで会社を理解できたような気になる。こんな状況で試験に臨めば、会社案内とほとんど同じような作文になってしまうのは当然のことだ。

会社案内ではない作文を書くには、**勤務しているOBやOGの話を聞いたり、会社のホームページにアクセスしたり、競合他社の概要をチェックしたりして、企業研究を深く行うことが大切である。**また、友人との情報交換もあなどれない。自分の気がつかなかった点やとらえ方の違いなど、意外な発見をすることもある。

企業には強みと弱みの両方がある。弱い部分にも目を向けて、今後、自分だったらどのように改善していくかというところまでシミュレーションできれば完璧である。企業はそんなオリジナリティーのある人材を求めている。

自分の考えをしっかり提示し、採用者にアピールする

『自己PR』のところでも触れたが、就職試験では、受験者と採用者がお互いの目的において合致するところがあるのか、ないのかが、最大のポイントになってくる。

利益を追求する企業にとって、近い将来どんな力を発揮してくれそうか、その可能性をどのくらい秘めているのかを確認する作業が採用試験である。今はまだ原石でいいのだ。磨けば、光り輝く宝石になるのかを見極める試験官も真剣勝負である。

今までの自分の経験から培われた能力や、仕事に対する希望や夢、大きくは人生に対する考え方、これらが総合的に判断される。このような過程を経て、企業にとっていかに魅力的な人材になりうるかを考えたとき、「この人物を獲得したい」と思わせるような文章を書かなくてはいけない。**お互いの未来の目的において、共通項がどのくらいあるのかが一番知りたいことなのである。**

やる気を見せることが意外とむずかしい

自分をアピールするときに、意外とむずかしいのが「やる気」をあらわす方法だ。意欲満々というところを見せたい気持ちはわかる。しかし、**根拠のない「やる気」は、相手に強いインパクトは与えない。これまでの体験や、それによって考えたことなどの下地を示そう。**あまり気負わず、素直に自分の気持ちと向き合って、前向きな思いを表現するよう心がけたい。

NOTE ■書き方のポイントを総復習

『志望動機』書き方手順

導入
自分のやりたいことや考えをしっかりと示す
↓
本文
企業に対する認識度を明示
↓
本文の展開
自分と企業の接点はどこか
↓
結論
やる気や心構えを見せる

あまり気負わずに、自分研究と企業研究のまとめのつもりで書き出してみよう。

上達のポイント

- 先輩の話を聞いたりHPにアクセスして、自分なりの企業研究をする。
- 企業と自分との接点を見つける。
- 体験に基づいたやる気を見せる。

4 『業界、時事』の書き方

知識をどれだけ蓄えているかではなく、自分の意見をきちんともっているかが問われる。

志望する業界の全体像を知る

採用者側は、受験者がどれくらい業界について勉強してきたか、自分のイメージだけではなく、揺れ動く業界の実態をきちんと把握しているのかを検証しようとしている。**業界の特徴、他の業界との関わりまでも研究する必要がある。**近頃は、業界再編などといわれたり、業界間の境目もなくなりつつあるのが実情で、かなり掘り下げてとらえなくてはいけない。

業界研究のやり方としては、まず、新聞を丹念に読むことから始めてみよう。特に必要だと思う記事は切り取っておき、時系列で保存しておくとよい。

また、業界固有の単語をインターネットで調べたり、行きたい業界で働いている人のX（旧Ｔｗｉｔｔｅｒ）などを眺めてみると、いろいろなデータを拾うことができる。経済関連の雑誌や業界紙、『就職四季報』などにも目を通しておくと有益だ。**全体像からその企業の事業内容に視点を動かしていくことができれば、最良である。**

時事に関する研究も、新聞を丹念に読んで日々の積み重ねをしていくことがなによりも大切だ。時事キーワード的な記事は、やはり切り取ってファイリングしておこう。カテゴリー別に分けておけば、あとで読み返したときに頭のなかで整理をしやすく、自分だけのノートになる。

世の中のできごとに対して常にアンテナを張り巡らせ、いろいろなことに興味のもてる自分でいよう。

上達のポイント

- 毎日「新聞を読む」習慣を身につける。
- 新聞やインターネットからの情報を自分なりの方法で整理する。
- 身近な具体例から、自分の意見を述べる。

NOTE
■書き方のポイントを総復習

『業界、時事』書き方手順

導入
問題を提起する
↓
本文
業界、情勢を説明する
↓
本文の展開
感じたこと、考えたことを提示
↓
結論
意見を述べる。または、賛成か反対かを明言する

状況説明に終始しないようにして、自分の考えを反映させる書き方をしよう。

●時事をカテゴリー分けする

国内政治	福祉（社会保障）
国際政治	労働（労働経済）
国内経済	科学技術と文化
国際経済	環境
社会（生活）	

時事の攻略は自分の意見を導き出すところから

与えられたテーマに対して文章を書くとき、相手が求めているのは、**テーマに対しての説明文ではなくて、意見である。**

たとえば、「高齢社会」というようなテーマが与えられた場合、現在の高齢者の置かれた立場や、統計的に今後どのようになるかという解説書的な要素が求められているのではない。もちろん、本題に入る前提としての説明は大切であるが、採用者側が見たいのは、「高齢社会」という事象に対して、受験者がどういう意見をもっているかだ。高齢者の労働力を使って新たな雇用の創出を図るという意見を述べたり、高齢者福祉を推し進めていくうえでの自分なりの考えを書くのもよい。

また、「高齢社会」などのように範囲の広いテーマでは、自分なりに言いたいことを絞ってみる。高齢者に関することのなかでも、公共施設の整備と高齢者について書こうなどと、身近に引き寄せた、具体的な話題を考え、構想を練ってから書き始める。

時事に関しては、世の中の情勢が刻一刻と動いているので、これが頻出というものは選びにくい。しかし、ここ二、三年の動向から大きな流れをつかんで、出題予想を立てることはできる。

身近な話題から入り、**自分の体験を通して感じたことを意見とし、そこから大きなテーマへと話を導く。**社会の一員であるということを常に意識しながら、書き進めることが大切である。

5 『抽象的なテーマ』の書き方

（まずは、具体的に書くことを心がける。そして、自分との関わりのなかで、テーマをとらえよう。）

具体的な発想ができるかが勝負となる

抽象的なテーマが与えられると、発想の糸口をなかなかつかめない人が多い。「豊かさ」「思いやり」「道」などは、どのようにでも書けそうな、しかし、書き初めの入り口で考え込んで立ち止まってしまうような、そんなテーマでもある。

「豊かさ」というものからイメージする、生活に密着したできごとは何か。街にはお金を払えばどんなものでも手にはいる環境ができあがっている。しかし、それだけが「豊かさ」を測るものさしだろうか。たとえば、親しい友人との語らいの時間。共通の話題に対する相手の考えと自分の考え方との比較、他者からのアドバイス、または他者へ助言をする。このような時間をもつことで、人間としての思考の幅は広がりを増す。

貴重な時間を共有して、お互いの人間性を高めることは、「豊かさ」の大きな広がりとなる。身近な友人とした会話、意見を交換し合ったことなどを思い出してみる。物質面だけではない、心の豊かさに着目して、書き始めるのも一つの方法である。

このように、**自分の身に引き寄せて考えをまとめていくと、抽象的なテーマでもいろいろなところから発想が出てくる。**日々の生活のなかで、なにげなくしていることでも、自分が成長するのにプラスになることがいかにたくさんあるか、考えるべき要素があるかを知ることが大切だ。

上達のポイント

- 具体的な体験談へとつなげることができるか、その種を探す。
- 自分の意見や感想を述べて結論とする。
- テーマと自分との共通項を見つける。

自身の身に引き寄せて発想してみる

自分とテーマの共通するところはどこか。どんなテーマでも、思いついたことの発想をいくつか連ね、連想の形で考えてみよう。

たとえば、「道」という言葉から、まず「私の道」ということを思ってみる。

人生を歩いていく私の道

← 過去の体験……今まで歩いてきた道

← 夢や希望……未来へと続く道

← 社会人としての新たな道を歩もうとしている私

以上のような連想の仕方で、発想を重ねていく方法もある。抽象的なテーマでも、**「私にとってはどうなのか」ということから始めてみよう。**評論家のような意見を述べるのではなく、自身の言葉で語らなくては、人を納得させる文章にはならない。

NOTE ■書き方のポイントを総復習

『抽象的なテーマ』書き方手順

導入
自身と関連したことがらとして提示する

↓

本文
体験したことを述べる

↓

本文の展開
感じたこと、考えたことは何か

↓

結論
人柄が出るような意見で結ぶ

ダラダラとした思い出話のような形にならないように。発想の展開を柔軟にしよう。

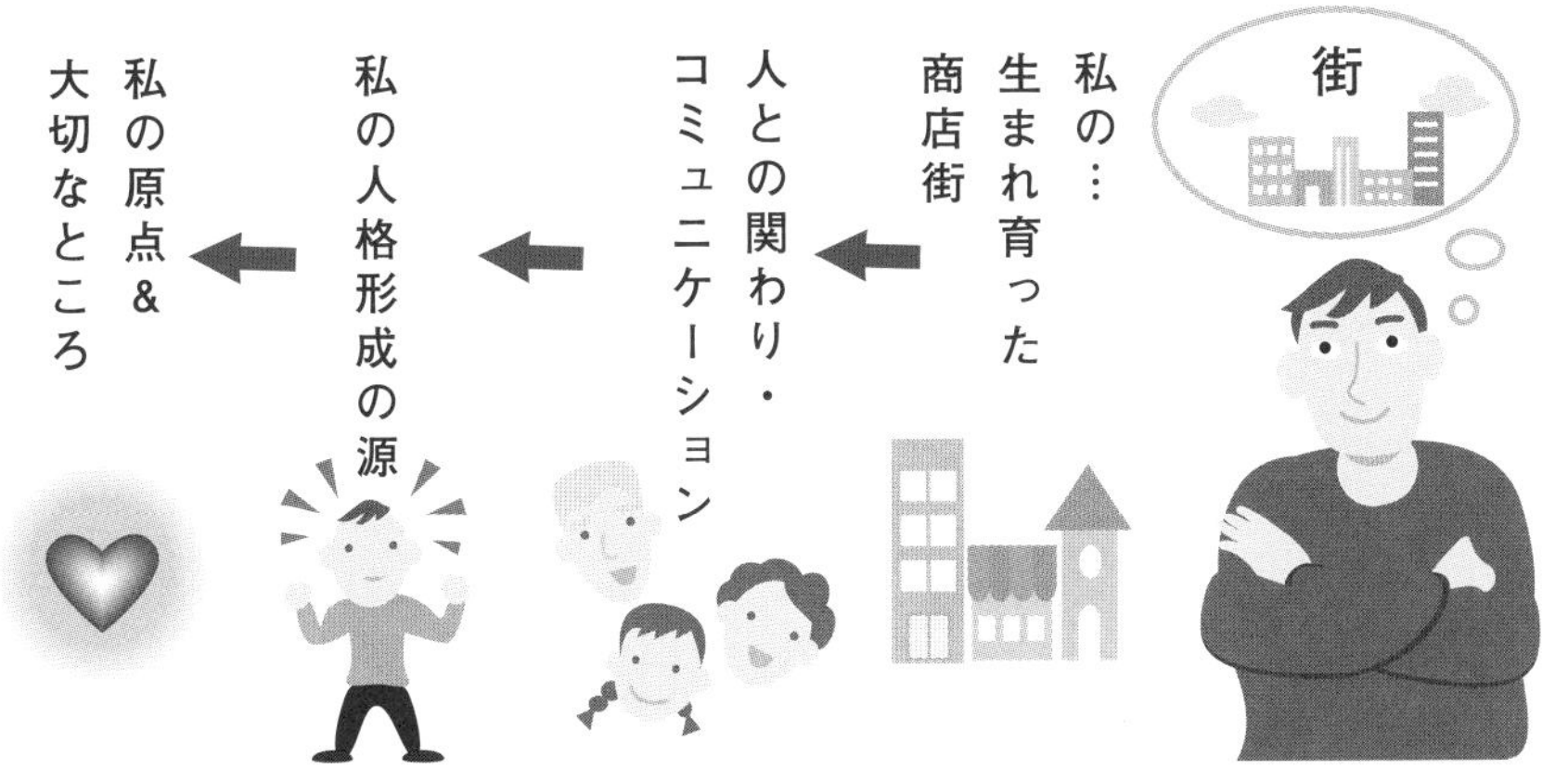

コラム❷

インターンシップあれこれ

インターンシップとは、学生が在学中に企業などで就業体験をすること。近年では多くの学生が参加している。

インターンシップのメリット

①自分の適性を知る➡自分のやりたいことが明確になる
②会社の雰囲気を味わう➡企業や仕事に対する理解度を高める

企業という組織のなかで仕事体験できることは、近い将来「会社」で働く人たちにとって絶好の機会。知らなかった世界を体感できるからだ。インターンシップに参加したあとでそれをどのように活かすかが大切。

新ルールの学生のキャリア形成支援活動

①インターンシップ……参加期間が5日以上で、就業体験を必ず行う。インターンシップで得た学生情報を採用活動で活用できる。
②オープン・カンパニー&キャリア教育……参加期間の指定なし。就業体験は任意。取得した学生情報は採用活動に活用できない。

2023年度から、一定の条件を満たしたインターンシップでは、参加学生の個人情報や評価を採用選考に活用できるようにルールが変わった。インターンの条件を満たさないものは、オープン・カンパニーやキャリア教育と呼ばれ、インターンシップとは称さない。各企業がどのような就業体験を実施するかなど、情報収集が大切になる。

インターンシップの情報は学校のほかに、WEBサイトや求人・情報サイトで入手できる。

PART 3

作文・小論文のテクニック—初級編

まずは、このパートで日本語の総復習。文章の構成や漢字の読み書き、熟語に敬語など、書き始める前に自分の力をチェックする。練習問題もやってみよう。

1 文章を書く前に点検する

国語が苦手だという学生は多い。名文を書こうとするのではなく、人に伝わる文章を書くことを心がけよう。

文章力は意識しなければ身につかない

英語の勉強に力を入れている学生はたくさんいる。それは英語が世界共通語になりつつあり、どのような仕事に就いてもビジネス会話が重要であることが叫ばれ、各種の英語検定が職場での昇進の必須アイテムになっているからだ。日本人は英語力が劣っているなどと言われることもあり、英会話学校に通う人もいる。

しかし、英語にこんなに注目している人々も、ひとたび日本語の表現力となると、苦手だとは感じながらも、英語ほどの努力はしていない。会話のなかでの「言葉の乱れ」も言われ始めて久しい。漢字の読み書き、文章作成、日常語としての言葉の使い方などを考えてみて、自信のもてるところはいくつあるだろうか。

特に、文章を書くということに苦手意識をもっている人は多い。作文を書くときの基本的なルールがわかっていない人もいる。「私たちが日常使っている日本語だから」と、あなどってはいけない。

普段使っている言葉だからこそ、磨きをかけ、文章表現を正確にできるようにしよう。まずは、苦手意識を払拭することから始めてみよう。

自分の考えをいかに表現できるかにかかっている

名文を書こうとしても、作家ではないので、そううまくは書けない。**就職試験で求められているものは、自分の考え、感じたことをいかに相手に伝わるように表現するかだ。**自分のなかできちんと内容を噛み砕き、整理されていないと、相手に伝わるものにはならない。

たとえば、志望動機に関する文章を書くとするなら、自分の経験をただつらつらと書き連ね、「一生懸命努力して、御社に貢献したい」では、なんの整理もついていないものになってしまう。「自分の経験のこの部分、または自分のこの長所を、会社の企業目標であるこの部分に活かすことができると思う。そして将来の目標は、このようなものをもっている」としないと、採用者側には訴えかけることができない。

つまり、頭のなかが整理できているかどうかが問題なのだ。**名文を書こうとするのではなく、秩序だった考えをアピールしよう。**それでは、秩序だった文章に仕上げるには、どうすればいいか。内容もさることながら、読みやすい文章であることが大前提になる。まずは、日本語の基本や文章表現の形を復習するところから始めよう。

小学生のときに身につけたはずのこと、たとえば、改行の方法や現代仮名遣いの用法などをここで一度振り返ってみよう。

●ココをチェック

- 敬語の使い方――尊敬語・丁寧語・謙譲語
- 漢字の読みと書き――常用漢字はすべてマスター
- 送り仮名――原則を復習
- 現代仮名遣い――間違いやすい言葉の総点検
- 日本語の用法――助詞や副詞の注意事項を確認

2 構成を考える

読み手に自分の考えを伝えるには、文章の段落構成がしっかりしていなければいけない。

段落構成を基本に文章を組み立てる

相手に自分の考えを理解してもらうには、文章の組み立てがきちんとされていなければならない。文章の組み立てを考えるときに一番に思いつくのが段落構成である。**段落構成には、「序論・本論・結論」や「起・承・転・結」などがある。**

これらは、一応の基本型である。もちろん、もっと自由な形で個性豊かな構成にすることも可能だ。しかし、構成の立て方に不慣れだったり、どうしたらよいのかわからない人には、この基本型からはいってみることをお勧めする。

作文・小論文で与えられる文字数は、だいたい六〇〇字から一二〇〇字の範囲。この与えられた字数をどのように振り分けるかが、段落構成を考えるということになる。

次に、多く用いられる三段落構成と四段落構成の内容をまとめておくので、どのような形のものかをしっかり理解しておこう。**与えられたテーマの内容、作文試験か、小論文試験かによっても使い方はさまざまだ。**

テーマを決めて、基本構成を元に、文章の組み立てを実際に行ってみよう。段落で整理していくことによって、筋道がより明確になってくるはずだ。

● 3段落構成

第1段落	序論	テーマに対して何を書くか 自分なりの問い・問題提起
第2段落	本論	具体的な経験や事例 第1段落に対する考察
第3段落	結論	自分の意見や主張 考察から考えられる問いに対する答え

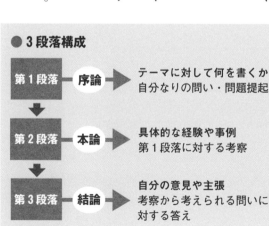

● 4段落構成

第1段落	起	問題提起・問題に関する知識を提示	導入部分
第2段落	承	自身の見解(賛成なのか反対なのか)の提示	発展部分
第3段落	転	具体例を挙げて、第2段落を掘り下げる	展開部分
第4段落	結	意見や結論を述べる 全体を締めくくる	終結部分

基本型以外でも、インパクトのある文章をつくることができる

最初にどのような文章が来るかで、読み手の興味はずいぶんと違ってくる。**最初に結論をかかげてから、裏づける事例を続けて書く**のも一つの方法だ。これだと、書き手の言いたいことがすぐに読み手に伝わり、次の段落へ自然と引き込んでいくことができるので効果的である。

また、**冒頭に、おもしろいことや興味深いことがらをもってきて、読み手を引きつけ、その好奇心で読み進めてもらうような構成**にするやり方もある。しかし、この導入が最後の結論部分とうまくつながっていないと、効果は台無しになる。始めと終わりが呼応しているならば、うまい書き方となる。

これらはあくまでも、基本型を心得ていることが前提となる書き方だ。テクニックとして自分のものにできれば、かなりの上級者ということになる。

こんな書き出しも効果的

なぜなら～できごと1
できごと2

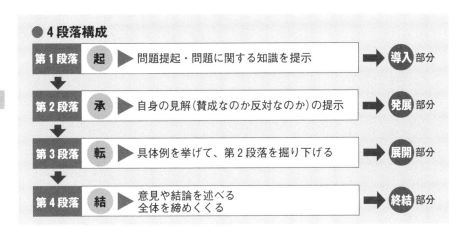

私は○○に関しては「反対である！」

❸ 読みやすい文章にするために

段落や改行を有効的に使い、一文はなるべく短くする。文体が文章全体で統一されているかにも注意を払う。

一段落は一つの内容で

文章を構成する単位で、あるまとまった内容を表わす言語表現を段落という。段落は一つ以上の文で構成されている。

また、段落には形式段落と意味段落がある。形式段落とは、行の頭を一字下げたところから次の改行までのひとまとまりをいう。意味段落とは、いくつかの形式段落を内容的に一つの大きなまとまりにしたものをいう。

この**形式段落と意味段落が一致したほうが、文章は読みやすい。**改行から改行までの一つの形式段落を一つの内容にする。このようにすれば、次の段落では話が変わるということも、自然と読み手のなかにはいっていくようになる。

もし、一つの内容が何行にも渡るようなボリュームになるのだったら、**一八〇字から二〇〇字程度で、改行するのが望ましい。**一息で読み続けられる量がどのくらいであるかも計っておくことだ。

段落をうまく使いこなすことが、わかりやすい文章にする重要なポイントになる。まずは、段落を意識して文章を書く練習をしてみよう。文章の構成を考えるときにもこれは役立つテクニックだ。

●一文は短く、一つのことだけ

●一文の文字数は50字程度

それ以上になるようだったら、二文にできないかを考える。

●一文のなかには、一つのことだけを述べる

いくつかの内容があると、文のねじれや呼応の間違いが起きやすい。

●短い一文の積み重ねで文章を構成する

テンポよく、楽に読み進むことができる。

文体を統一する

文体には、常体と敬体がある。**常体とは文末が「だ・である」調のこと。敬体とは文末が「です・ます」調のことを指す。**文章を書くときには、どちらかに統一する。常体にすれば、力強い感じを与え、訴えかける内容のものには適している。また、敬体にすれば、柔らかいイメージになり、感じのよい印象を与える。どちらを選ぶかは、与えられたテーマにもよる。

接続詞の使い方を適切に

文と文をつなぐ接続詞の使い方を工夫しよう。接続詞を適切に使うことで、主張がはっきりとし、自身の言いたいことが、筋道どおりに進んでいるかも確認できる。

助詞の「が」や「の」を多用すると、一文がだらだらとし、意味もわかりにくくなる。一文のなかに、同じ助詞を何回も使っているものは、もたついた感じを与えてしまう。

誤字・脱字・流行語・若者言葉は×

誤字・脱字は絶対に避けなければならない。これは文章を書くときの基本だ。ケアレスミスを避けるためにも、書き上げたあとの見直しは大事である。常用漢字は、すべて書けるようにしておきたい。どうしてもわからないときは、ひらがなで書くようにする。誤った漢字を書くよりはましである。

また、流行の言葉や若者言葉も避けるようにしよう。つい出てしまいそうな言い回しには注意が必要。

information ＋ α

採用者の採点基準

❶ **明確な主題**
言いたいことが 1 つに絞られており、はっきりとしている

❷ **きちんとした構想**
文章の組み立てが、形式・内容共にしっかりしている

❸ **豊かな表現力**
自分の言葉で言いたいことが表現できている

❹ **常識的な国語力**
正しい文字や文法の使い方ができている

❺ **会社に対する適性**
やる気や心がまえ、適性がある

※85ページの『もう一度確認、採点基準』と合わせてチェックしよう。

4 漢字の用法と送り仮名を確認

誤りやすい漢字を総点検。送り仮名の原則も復習する。採点要素である、基本的国語力を充実させよう。

同義語と反対語、同音異義語

【同義語】

安価＝廉価
委託＝委任
会得＝理解
干渉＝介入
愚弄＝揶揄
貢献＝寄与
細心＝緻密
借金＝負債
蒸発＝気化
当然＝必然
納得＝了解
明白＝歴然

遺憾＝残念
栄養＝滋養
外聞＝体裁
機敏＝敏速
厚意＝親切
互角＝対等
災難＝奇禍
出版＝刊行
天性＝素質
独裁＝専制
任務＝使命
落胆＝失望

【反対語】

安易↔困難
演繹↔帰納
快楽↔苦痛
歓喜↔悲哀
簡単↔複雑
義務↔権利
強硬↔軟弱
偶然↔必然
建設↔破壊
拾得↔遺失
慎重↔軽率
悲観↔楽観
膨張↔収縮
融解↔凝固
理想↔現実

一般↔特殊
開放↔閉鎖
革新↔保守
感情↔理性
陥没↔隆起
供給↔需要
勤勉↔怠惰
具体↔抽象
債権↔債務
上手↔下手
正常↔異常
平易↔難解
放任↔干渉
容易↔困難
浪費↔倹約

【同音異義語】

異同…一致しない
異動…地位や勤務が変わる
移動…移り動く

過程…経過の道筋
課程…ある期間に割り当てられた学業

更正…登記等や申告の誤りを正す
更生…生まれ変わる・再起する

対照…照らし合わせ、比べる
対象…目標・相手
対称…対応があり、つり合う

普遍…広く行き渡る
不変…変わらない状態を保つ

保証…確かだと請け合う
保障…権利や自由を守る
補償…損失をつぐなう

四字熟語と故事・ことわざは大丈夫？

【四字熟語の読みと意味】

一蓮托生（いちれんたくしょう）
結果の善し悪しにかかわらず、運命や行動をともにすること

臥薪嘗胆（がしんしょうたん）
目的のために苦労、苦心を重ねること

隔靴掻痒（かっかそうよう）
靴の上からかゆいところをかくようにもどかしいこと

我田引水（がでんいんすい）
物事を自分の都合の良いように取り計らうこと

呉越同舟（ごえつどうしゅう）
仲の悪い者同士が同席すること

四面楚歌（しめんそか）
助けがなく、まわりが敵ばかりのこと

周章狼狽（しゅうしょうろうばい）
あわてふためくこと

内憂外患（ないゆうがいかん）
内側での心配事と外側からの災いがあること

朝令暮改（ちょうれいぼかい）
命令がたびたび変更されてあてにならないこと

付和雷同（ふわらいどう）
自分にしっかりした考えがなく、軽々しく他人の意見に同調すること

竜頭蛇尾（りゅうとうだび）
初めは勢いが盛んだが、終わりはふるわないこと

【故事・ことわざ】

羹に懲りて膾を吹く（あつものにこりてなますをふく）
失敗にこりて、無用の用心をすること

烏合の衆（うごうのしゅう）
規律も統制もない寄せ集めの人々

窮鼠猫を噛む（きゅうそねこをかむ）
追いつめられると弱い者が強い者を反撃することがあることのたとえ

鶏口となるも牛後となるなかれ（けいこうとなるもぎゅうごとなるなかれ）
大きな集団であとにつくよりも、小さな集団でもその長になれ

紺屋の白袴（こうやのしろばかま）
他人のことで忙しく、自分のことがおろそかになるたとえ

塞翁が馬（さいおうがうま）
人生の幸不幸は予測できないことのたとえ

蟷螂の斧（とうろうのおの）
弱い者が力をわきまえずに強い者に立ち向かうこと。蟷螂はカマキリ

刎頸の交わり（ふんけいのまじわり）
生死をともにできるほどの親しい交際

誤りやすい言葉の例

例を挙げれば、際限がなくなってしまうが、ここに日頃目に触れるものをいくつか挙げておく。

正	誤
生憎	合憎
相棒	合棒
異口同音	異句同音
一緒	一諸
意味深長	意味深重
有頂天	宇頂天
臆病	憶病
架空	仮空
感慨	感概
歓迎	観迎
完璧	完壁
危機一髪	危機一発
几帳面	几張面
救急車	急救車
偶然	遇然
決選投票	決戦投票

正	誤
解熱	下熱
口頭試問	口答試問
五里霧中	五里夢中
最低	最底
始末	仕末
首脳	主脳
徐々	除々
人事異動	人事移動
絶体絶命	絶対絶命
善後策	前後策
専門	専問
単刀直入	短刀直入
重複	重復
徹底	撤底
転嫁	転稼
謄本	騰本
貪欲	貧欲
二束三文	二足三文
日進月歩	日新月歩
発掘	発堀
万全	万善
猶予	猶余

送り仮名の原則をチェックする

送り仮名の誤りは、試験において大きな減点の対象ではないが、やはり一般常識として知っておきたい。普段意識せずに書いている文字の送り仮名について、ここで復習しておこう。

一応の法則はあるが、例外も多い。辞書などをひいて言葉に慣れておくことが大切になる。

●動詞、形容詞、形容動詞は活用語尾を送る。ただし、例外もある。

・動詞……読**む**　書**く**　考**える**

・形容詞……高**い**　暑**い**　若**い**

（例外）語幹が「し」で終わる形容詞は、「し」から送る。

楽**しい**　新**しい**　美**しい**

・形容動詞……積極的**だ**　適切**だ**

（例外）活用語尾の前に「た」「か」「ら」「やか」「らか」を含む形容動詞は、その音節から送る。

新**ただ**　静**かだ**　平**らだ**

健**やかだ**　明**らかだ**

●名詞は送り仮名をつけない

帯　隣　趣　頂

（例外一）最後の音節を送るもの

哀**れ**　後**ろ**　互**い**　幸**い**　自**ら**

半**ば**　情**け**　斜**め**　誉**れ**　災**い**

（例外二）活用のある語から転じた名詞はその活用語の送り仮名をつける。

笑**い**　寒**さ**　動**き**　苦**しみ**

●副詞は最後の音節を送る

必**ず**　少**し**　全**く**　再**び**　最**も**

（例外一）次の語は前の音節から送る。

直**ちに**　大**いに**

（例外二）他の語を含む語は、含まれている語の送り仮名によって送る。

少**なくとも**　斜**めに**

※誤読、難読のおそれのないものは（　）のなかのように送り仮名を省いてもよい。

向かい（向い）　起こり（起り）

終わり（終り）　代わり（代り）

複合語の送り仮名 ➡ 構成するそれぞれの語の単独の場合の送り仮名と同じに

若返る

打ち合わせる

5 現代仮名遣いを復習する

現代仮名遣いは現代語音に基づいて、仮名で書き表わす。おもに現代文の口語体のものに使う。

仮名遣いの原則と基本を再点検する

現代仮名遣いは現代語の音韻に従って表わすことを原則としている。しかし、表記の慣習を尊重して一定の特例を設けるものもある。

原則は左ページの表を見て確認しよう。例外としては以下に挙げるものがあり、これにも目を通しておくこと。

●助詞の「を」「は」「へ」は、そのまま「を」「は」「へ」と書く。

声**を**聞く　やむ**を**えない
今日**は**晴天だ　または　と**は**いえ
東京**へ**行く　友**へ**の手紙　博君**へ**

●オ列の長音では、オ列の仮名に「う」を添えるが（例おとうさん）、例外として「お」を添えるものもある。

お**お**きい（大きい）　と**お**い（遠い）
こ**お**る（凍る）　と**お**る（通る）

●「じ」「ず」と使わず、「ぢ」「づ」と書くものもある。

・同音が続いて下の語が濁音になる。

ち**ぢ**む（縮む）　つ**づ**く（続く）
つ**づ**み（鼓）

・複合語になったときに下の語が濁音となる。

ま**ぢ**か（間近）　みか**づ**き（三日月）

●動詞の「いう（言う）」は「いう」と書く。

そう**いう**話　こう**いう**わけ　社会と**いう**もの

●現代仮名遣い

直音《ちょくおん》	あいうえお		例）あき（秋）
	かきくけこ	がぎぐげご	きく（菊）　がくふ（楽譜）
	さしすせそ	ざじずぜぞ	さくら（桜）　じかん（時間）
	たちつてと	だぢづでど	とかい（都会）　まぢか（間近）
	なにぬねの		なかま（仲間）
	はひふへほ	ばびぶべぼ	はな（花）　びよう（美容）
		ぱぴぷぺぽ	たんぽぽ
	まみむめも		みさき（岬）
	や　ゆ　よ		ゆうやけ（夕焼け）
	らりるれろ		ろうか（廊下）
	わ　　を		わふく（和服）
拗音《ようおん》	きゃきゅきょ	ぎゃぎゅぎょ	例）きゅうきょ（急遽）　ぎょじょう（漁場）
	しゃしゅしょ	じゃじゅじょ	こうしゃ（校舎）　じゅんじょ（順序）
	ちゃちゅちょ	ぢゃぢゅぢょ	ちょきん（貯金）　ゆのみぢゃわん（湯飲み茶碗）
	にゃにゅにょ		てんにょ（天女）
	ひゃひゅひょ	びゃびゅびょ	ひゃくやく（百薬）　びゃくや（白夜）
		ぴゃぴゅぴょ	ぴょこんと
	みゃみゅみょ		さんみゃく（山脈）
	りゃりゅりょ		りゃくず（略図）
撥音《はつおん》	ん		例）しんねん（新年）
促音《そくおん》	っ		例）がっこう（学校）
長音《ちょうおん》	ア列の長音		例）おかあさん
	イ列の長音		おにいさん
	ウ列の長音		くうき（空気）
	エ列の長音		おねえさん
	オ列の長音		おとうさん

6 句読点の使い方

読みやすい文章にするには、句読点の使い方を意識すること。リズムのある文章を心がけよう。

主語と述語の関係をはっきりさせる

文章の書き方は、さまざまである。作家などは、自分特有のリズムや雰囲気を出すためにわざと句点を少なくする人もいる。

しかし、就職試験における作文・小論文では、長い文章は避けたほうがよい。長い文章は、主語と述語の関係をわかりにくくする。

例

私が建築の世界に興味をもったのは、中学三年のときに父が家を購入し、そのときに設計に携わってくれた二級建築士のYさんと出会ったことからであり、大学の建築学科を志望したときも、忙しい合間をぬって進学相談にのってくれ、これからの住宅についてのYさんの夢を聞かせてもらい、私自身の目標もより大きなものとなった。

↓

私が建築の世界に興味をもったのは、中学三年のときだ。父が家を購入し、そのときに設計に携わってくれた二級建築士のYさんと出会ったことからだった。大学の建築学科を志望したときも、忙しい合間をぬって進学相談にのってくれた。また、そのとき、これからの住宅についてのYさんの夢を聞かせてもらい、私自身の目標もより大きなものとなった。

以上のように、文をいくつかに分けるとよりわかりやすくなる。句点とは文の終りに付ける「。」のことだが、書き方が乱雑な人が意外と多い。読点「、」との区別がつきにくいものなどは、文章を読んでいくうえで、印象の悪いものとなってしまう。

意味を正しく伝えるための読点

読点「、」は、文の意味を明確にするために、正しく使われることが大切になる。

例 私は休むことなく走り続ける友人を追った。

右記の例文では、読点がないために「休むことなく」動作を続けているのが、「私」であるのか「友人」であるのかの判断がつかない。

①私は、休むことなく走り続ける友人を追った。……「休むことがない」のは友人

②私は休むことなく、走り続ける友人を追った。……「休むことがない」のは私

このように、読点の位置によって内容はまったく異なったものとなる。明確に読めるかどうかのチェックが必要だ。

こんなときに読点を使おう

どんなときに読点を使うのが有効なのだろうか。

●修飾部がいくつかあるときに、その境目に付ける。

例 兄は、衛星放送で、大リーグの試合を一日中観ていた。

（ただし、修飾部が短いときは、すべてに読点を付ける必要はない）

●文頭にくる主語の後に付ける。

例 彼女は、ようやく就職試験の準備を始めた。

●文頭にくる接続詞、副詞などの後に付ける。

例 そして、私も帰途についた。
また、次の機会に試みよう。

●並列の語句の境目に付ける。

例 右へ、左へ、子どもは動き回っている。

●条件や限定を表わす語句の後に付ける。

例 体調が悪いので、授業を休んだ。

●会話文の「　」の前に付ける。また、「　」の後に"と"がきたときに付ける。

例 母が、「傘を持って出かけなさい」と、何度も繰り返し言った。

この他にもいろいろとある。しかし、読んでみて、文の意味がよく通っていて、読点を付ける必要がなければ、付けなくてもよい。

北へ、南へ、西へ、東へ
走りまわる

7 （ ）などの使い方

（ ）、「 」、『 』、・、—、……、などの記号の正しい使い方を確認しよう。

（ ）カッコの使い方

おもに使われるのは、注意書きとしての用法。

例 ・江戸時代、大坂（現在では大阪）は、商人の町であった。

・……とする（法第七条）となっている。

また、せりふのなかの独り言に使われる場合もある。

例 ・「これで勝利は私のものよ。（フフフ）」

・「こんなに被害が大きいとは（どうしたらいいのだろう）」

「 」カギカッコの使い方

●会話（せりふ）を表わす。

例 ・彼は、「危ない」と、叫んだ。

・「きっと成功するよ」と明るく励ましてくれた。

●題目や引用を表わす。

例 ・「小春日和」という言葉を知っていますか。

・「天は人の上に人を造らず、人の下に人を造らず」と言ったのは福沢諭吉である。

●文のなかで区別したいときに用いる。

例 私には、まわりの人がすべて「うそつき」に見えた。

『 』二重カギの使い方

●書籍名を表わす。

例 私は芥川賞作品の『或る「小倉日記」伝』を読んでみた。

●カギのなかにさらにカギを使うとき。

例 「大部分の書籍は、いわゆる『通常ルート』を経て流通するのです」と、彼は説明した。

この他にもカッコ類の記号はたくさんあるが、実際の試験で使うものは、（ ）、「 」、『 』の三つくらいで充分である。正しい使い方をマスターしよう。

・中黒の使い方

●名詞などの並列に用いる。

例 環境汚染・食の安全・公共福祉の諸問題についての話し合いが行われた。

●外国語の固有名詞に用いる。

例 スティーヴン・スピルバーグ　ティモシー・ドナルド・クック

●年月日を表わすときに用いる。

例 三・一一の東日本大震災は、私たちの生活を一変させた。

●横書きのときには、こんなふうにも使う ①

1　数式

1・2・3・4

⬇

1×2×3×4　を表わす

2　化学式

$NaHCO_3$・$10H_2O$

⬇

洗濯ソーダの分子式を表わす

― 中線（ダーシ）の使い方

●（　）と同じ用法で用いる。

例 官報―政府が毎日刊行する国家の公告文書―を購読する。

●省略を表わす。

例 「職業人としての将来の夢は―」、聴衆の前で私は抱負を語った。

●起点と終点を表わす。

例 東京―パリを十時間で結ぶ。

●数の範囲を表わす。

例 一九六〇―一九七〇年は、高度成長期であった。

●横書きのときには、こんなふうにも使う ②

1　英文の省略

What impressed me the most was —

2　化学式

CH_3 — OH ➡ 化学式の結合手を表わす

……点線（リーダー）の使い方

●省略を表わす。

例 このような事件を起こしたいきさつは……

（中線と同じ用法）

●会話の切れ目に用いる。

例「こんな結末になるとは思ってもみなかった……」

（中線を用いることもあるが、特に余韻を残したいときに使う）

繰り返し符号の使い方

繰り返し符号とは、同じ漢字の繰り返しを表わす「々」のこと。たとえば、近々、日々、人々、などというように使う。

「〃」、「ゝ」、「ヽ」の符号もあるが、就職試験における作文や小論文では用いないほうがよい。普段なにげなく使ってしまっている書き方ではあるが、不用意に使わないように注意して、試験に臨もう。

！（感嘆符）や？（疑問符）は、使わない

「！」は、強調や驚きを表わすときに用いる符号。携帯メールなどでは、文章の最後に付けて、自分の気持ちを表わすのに使っている人も多い。

しかし、作文・小論文試験のときには、用いないほうが無難である。文章の終わりは、句点で結ぶ。

例 ×元の場所にすべて戻しなさい！ → ○元の場所にすべて戻しなさい。

また、「？」は、疑問や反語を示す。この符号も、普段の文章のなかに多くみられる。これもやはり試験のときには、使わないほうがよい。

例 ×今度はいつお会いできますか？ → ○今度はいつお会いできますか。

※近年では、会話文などで符号を使うことが許容されるようになった。

information ＋ α

カッコ類の名称

カッコにはたくさんの種類がある。それぞれの名称をみてみよう。

（　）	カッコ
《　》	二重カッコ
「　」	カギカッコ
『　』	二重カギ
【　】	すみつきパーレン
〔　〕	キッコー
〘　〙	二重キッコー
[　]	ブラケット
＜　＞	山カッコ
≪　≫	二重山カッコ
{　}	ブレース
‘　’	コーテーションマーク
“　”	ダブルコーテーションマーク

このほかにもいろいろとある。知識として目を通しておこう。

欧字の復習

①アルファベットの確認

もちろん、わかっているはずのローマ字だが、ここで念のために復習してみよう。

大文字	A B C D E F G H I J K L M N O P Q R S T U V W X Y Z
小文字	a b c d e f g h i j k l m n o p q r s t u v w x y z

②ギリシア文字のおもなものも覚えておこう

大文字	Α	Β	Γ	Δ	Θ	Λ	Μ	Σ	Χ	Ω
小文字	α	β	γ	δ	θ	λ	μ	σ	χ	ω
読み方	アルファ	ベータ	ガンマ	デルタ	シータ	ラムダ	ミュー	シグマ	カイ	オメガ

しるし物（記号）も知っておくと便利

余裕があればこんな記号も覚えておくとよい。

- ／……スラッシュ、斜線
- §……セクション
- #……井桁《いげた》、番号符
- ＊……アステリスク
- ∴……ゆえに
- ∵……なぜならば
- @……アットマーク
- %……パーセント、百分率
- ‰……パーミル、千分率
- $……ドル
- ¢……セント
- ¥……円、円マーク
- &……また、and
- a/c……アカウント、勘定

よく目にする原子記号

- Zn …… 亜鉛
- Cl …… 塩素
- Au …… 金
- O …… 酸素
- H …… 水素
- Al …… アルミニウム
- K …… カリウム
- Ag …… 銀
- Br …… 臭素
- Sn …… スズ
- S …… 硫黄（イオウ）
- Ca …… カルシウム
- Ge …… ゲルマニウム
- Hg …… 水銀
- C …… 炭素

8 正しい敬語を使おう

（敬語の三つの使い分け、丁寧語、尊敬語、謙譲語の確認。間違った使い方をしないためのチェックをここで。）

敬語の使い分けを完璧にする

きちんとした敬語の言葉遣いができる人は、意外に少ない。私たちが日常使っている敬語表現を総点検してみよう。日常会話のなかで使って、生きた言葉としなくては、文章としてなめらかに使いこなせない。

敬語とは、話し手が尊敬の念を表現したり、へりくだることによって、相手に対して敬意を表わすものである。丁寧語、尊敬語、謙譲語の三つの種類がある。それぞれの使い方を再確認してみる。

丁寧語が基本

敬語表現のなかの基本はやはり丁寧語。まずは、丁寧語の復習をしよう。丁寧語は、言葉を丁寧に、柔らかい印象にする。

●「です」「ます」「ございます」

例

・私は、大宰府で有名な福岡県の出身です。

・私は、毎日剣道の練習に通っています。

・「右手に見えますのが琵琶湖でございます」とガイドは説明した。

●接頭語の「お」「ご」

例

・御礼　お金　お茶

・ご飯　ご恩

○ ……でございます

× ～でございますです

尊敬語は相手の動作をもちあげて、敬意を表わす

尊敬語とは、相手の動作を高めることによって、こちらの敬意を表わす言い方のこと。

● 「れる」「られる」

例
・りっぱな文章を書かれたのですね。
・○○さんは、今年度の学会賞を受けられました。

● 「お～になる」「ご～なさる」
「れる」「られる」より敬意が強い。

例
・○○さんのお話しになったことに強い感銘を受け、この道を志したのです。
・大学を優秀な成績でご卒業なさった方です。

丁寧な言葉遣いをしようと考えすぎると、二重敬語に陥ってしまうことがある。これは間違いやすい敬語の最たるものである。（61ページ参照）

「お客様がおいでになられました」などという言い方はしないように。このどこが間違っているのかを考えてみよう。

謙譲語はへりくだることにより、敬意を表わす

謙譲語とは、自分の動作を低めることによって、こちらの敬意を表わす言い方のこと。

● 「お～する」「お～いたす」

例
・そこの部分をお読みしましょうか。
・夜道は危ないので、お送りいたします。

● 「お～いただく」「お～ねがう」

例
・その書類にお書きいただきたいのですが。
・こんな所までお越しねがって恐縮です。

● 「～ていただく」

例
食べていただいて、味をまず確かめてみてください。

※平成一九年に文化審議会が答申した「敬語の指針」では、敬語を尊敬語・謙譲語Ⅰ・謙譲語Ⅱ・丁寧語・美化語の五種類に分類した。

information ＋ α

敬語表現と小論文

小論文形式では常体の「である調」で書くことが多い。その場合には敬語表現は使わない。自分より目上の人の動作などを表わすのに使ってしまいがちだが、気をつけるようにしよう。

例

担当教授が講義をされていたので、待つことにした。→×

↓

担当教授が講義をしていたので、待つことにした。→○

敬語表現は、もちろん覚えておかなくてはいけない、基本的な日本語の言い回しである。しかし、使う“場”にも注意すること。

●代表的な尊敬語と謙譲語

	尊敬語	謙譲語
する →	なさる	いたす
言う →	おっしゃる	申す
食べる →	召しあがる	いただく
見る →	ご覧になる	拝見する
聞く →	聞かれる・お聞きになる	うかがう・承る
いる →	いらっしゃる	おる
行く →	いらっしゃる	まいる・うかがう
来る →	いらっしゃる	まいる
たずねる →	いらっしゃる	おじゃまする
もらう →	お受けになる	いただく・承る
与える →	たまわる・くださる	さしあげる
知る →	ご存知だ	存じ上げる
着る →	召す	——
気に入る →	お気に召す	——
借りる →	——	拝借する
見せる →	——	お目にかける・ご覧に入れる
会う →	——	お目にかかる

※尊敬語は主語が相手、謙譲語は主語が自分になる。上記の表は、敬語専門の特別な言い方をまとめたもの。

●注意したい敬語の使い方

	誤		正
尊敬語と謙譲語の混同	昼食はいただかれましたか	→	昼食は召しあがりましたか
	家の者がすぐにいらっしゃいますので	→	家の者がすぐにまいりますので
	○○さんの舞台は拝見しましたか	→	○○さんの舞台はご覧になりましたか
	お名前を申してください	→	お名前をおっしゃってください
	お父さんが何とおっしゃるかうかがってみます	→	父が何と申すか聞いてみます
	どうぞ遠慮せずにいただいてください	→	どうぞ遠慮なさらず、お受け取りください
二重敬語	お召しあがりになってください	→	召しあがってください
	どちらへご就職されましたか	→	どちらへご就職になりましたか
	明日、おうかがいさせていただきます	→	明日、おうかがいします
	ご出席された会議はどのようなものでしたか	→	出席された会議はどのようなものでしたか

※上記には、日常使われがちな言い回しも多く含まれている。作文などの会話文では要注意。

9 「れる」「られる」は要注意

（若者がよく使う「ら」抜き言葉、これは間違った文法。正しい言い方で、文章を書けるように。）

日常会話で使っている「ら」抜き言葉

私たちがいつも使っている言い方のなかには、文法的に間違っているものがある。その代表的なものが「ら」抜き言葉だ。

例

・誕生日に大きなケーキをもらったが、とても一人では 食べれない。

⇐ 正しくは、

誕生日に大きなケーキをもらったが、とても一人では 食べられない。

・こんな大きなスタジアムで、試合の様子はちゃんと 見れる のかなあ。

⇐ 正しくは、

こんな大きなスタジアムで、試合の様子はちゃんと 見られる のかなあ。

・厳しい状況でも、何とか家族四人暮らして 来れた。

⇐ 正しくは、

厳しい状況でも、何とか家族四人暮らして 来られた。

・冬の朝はとても寒くて、なかなか 起きれない。

⇐ 正しくは、

冬の朝はとても寒くて、なかなか 起きられない。

会話のなかでは見過ごされがちなこれらの言い方も、文章のなかでは、きちんとした文法で表わせるように。

※近年の「国語に関する世論調査」では、「見れた」「出れる」を使う人の割合が、「見られた」「出られる」を使う人を上回った。

「れる」「られる」の使い分け

「れる」「られる」の活用を復習してみよう。

「れる」…五段活用の動詞につく

例 一人でも 行かれる。

サ行変格活用の動詞につく

例 先生は大きな一歩となる研究を された。

「られる」…上一段活用の動詞につく

例 この洋服は四季を通じて 着られる。

下一段活用の動詞につく

例 そちらの方向へ進めば、 出られる。

カ行変格活用の動詞につく

例 こんな居ごこちのよい談話室だったら、どんな学生でも 来られる。

ちょっと一言

動詞の活用を知るには、「ない」をつけてみて、その直前の音で判断する。

話す……はなさ「ない」→さ＝ア段の音（五段活用）などと。

information + α

助動詞「れる」「られる」の活用表

おもな用法	受身　尊敬　自発　可能	
基本形	れる	られる
未然形	れ	られ
連用形	れ	られ
終止形	れる	られる
連体形	れる	られる
仮定形	れれ	られれ
命令形	れろ れよ	られろ られよ

動詞を受けて、上記のように活用する。尊敬・自発・可能の意味では、命令形は使わない。

10 日本語のここに注意

文章を書くときに陥りがちなことを総点検する。読みやすいものにするためのテクニックを習得。

助詞の「の」「が」を多用しない

45ページでも触れたが、助詞の「の」や「が」を一文のなかで何度も繰り返すことは避ける。

例
・兄の勤務先の上司の軽井沢の別荘に家族で招待され、楽しい夏休みを過ごした。
・働き方の見える化が叫ばれているが、これは企業の雇用制度にも問題があるが、政府の労働問題検討会で議論されているが、進展はむずかしい。

一文のなかでの「の」や「が」の繰り返しは、文章をわかりにくく、リズムの悪いものにしてしまう。これを避けるには、接続詞の適切な使い方が有効だ。**一文のなかで、同じ助詞を何度も出現させないための工夫をすることも心がけよう。**

しかし、接続詞の多用は中身を焦点がはっきりしない、ぼやけたものにしてしまうことがある。使うべきところと使わないところの区別が大切である。**接続詞や助詞の使い方で無理があるようなところは、もう一度文章の構成を見直す。**しっかりと内容を立て直すことが必要になってくる場合もある。構成があまいと陥りがちなトラブルである。

代名詞の多用も内容をわかりにくくする

代名詞の「これ」「ここ」「それら」「彼女」などは、文章の内容を不明瞭なものにする。

例
千葉市、横浜市、川崎市の政令指定都市では、新たな制度を打ち出した。また、それらでは毎年制度を見直すことも決められた。

「それら」を「(三つの)政令指定都市」と置き換えたほうが、わかりやすくストレートに理解できる。文章によっては、その代名詞がどれを指すのかがわからないものもある。不明瞭な内容は、最も避けるべきことである。

副詞の使い方に注意する

副詞を用法と意味から見てみると、次のようになる。

●事物の状態や程度を修飾する副詞

数量……たくさん・すっかり
時間……しばらく・まだ
程度……ずっと・ごく・ちょっと

例
・すっかり困惑してしまった。
・しばらく時間を置くことだ。
・ずっと待っています。

●陳述（判断の表明）と呼応する副詞

○打ち消しの語にかかる（〜ない）
決して・まったく・まるで・とても・ろくに
○推量の語にかかる（〜う）
たぶん・おそらく・さぞ
○否定的推量の語にかかる（〜ないだろう）
まさか・よもや
○疑問の語にかかる（〜か）
いったい・なぜ・どうして
○仮定の語にかかる（〜なら）（〜ても）
もし・たとえ
○依頼、願望の語にかかる（〜ください）
どうか・どうぞ・ぜひ
○たとえの語にかかる（〜ようだ）
まるで・ちょうど・あたかも

陳述の副詞は、特に注意をしておく。それぞれの副詞に、かならず呼応する結び方が決まっているからだ。副詞の呼応を誤らないようにしよう。

例
・地震のときは、決して家から飛び出してはいけない。
・たぶん、あなたの意見は正しいのだろう。
・まさかそんなことをするはずがないだろう。
・なぜ、事態が急変したのだろうか。
・もし、火星に生命体が存在しているのなら、興味深いことだ。
・ぜひ、お越しください。
・まるでヨーロッパの庭園のようだ。

このほかにも、さまざまな副詞がある。就職試験の作文・小論文ではどのように用いれば、インパクトのある言い方になるのかを考えてみよう。ほんの少しの言い回しで、魅力的な文に変わることもある。

修飾語の使い方と位置を工夫しよう

修飾語と修飾される語（被修飾語）は、近くにあるほうがわかりやすい。また、一つの語句に並列したいくつかの修飾語がかかる場合、長い修飾語より も短い修飾語を被修飾語の近くに置いたほうが、意味がわかりやすくなる。

例 目標値に達するまで食事も摂らずに一生懸命研究を続けた。

↓

①一生懸命目標値に達するまで食事も摂らずに研究を続けた。

②一生懸命食事も摂らずに目標値に達するまで研究を続けた。

③食事も摂らずに目標値に達するまで一生懸命研究を続けた。

④食事も摂らずに一生懸命目標値に達するまで研究を続けた。

⑤目標値に達するまで一生懸命食事も摂らずに研究を続けた。

例文と①から⑤は、文節のそれぞれが位置は異なってはいるが、すべて同じ内容のものである。どれが一番わかりやすいだろうか。「一生懸命」という、かかる語句がわかりにくい修飾語が、「研究を続けた」に直接結びついたものが、一番明瞭である。例文と③がもっともわかりやすい。

このように、修飾語と被修飾語の位置関係も、わかりやすい文章にするためには大切な要素だ。

次のようなわかりにくい文も、少し位置を替えるだけで、ずいぶんとはっきりしたものとなる。語句のかかり方を見極め、近いところへ置くようにしてみよう。

例 困難な事にぶつかっても、父はいつも事あるごとに私たち兄妹に、決してあきらめてはいけないと言っていた。

↓

困難な事にぶつかっても、決してあきらめてはいけないと、父はいつも事あるごとに私たち兄妹に言っていた。

●文章・段落・文・文節・単語

	構成要素	
文章と段落	文章＝ある主題を表わす言語表現。1つ以上の段落によって構成される。	段落 ➡ 文章（テーマ） 段落 段落 ➡ 文章（テーマ） 段落
段落と文	段落＝文章を構成する単位。あるまとまった内容を表わす言語表現。1つ以上の文で構成される。	文 ➡ 段落 文 文 ➡ 段落 文
文と文節	文＝段落を構成する単位。事物の状態や動作を表わす言語表現。1つ以上の文節で構成される。	文節 ➡ 文 文節 文節 ➡ 文 文節
文節と単語	文節＝文を構成する最小の単位。文節は単語によって構成される。	単語 ➡ 文節 単語 単語 ➡ 文節 単語
単語	文節を構成する単位。自立語（それだけで文節を構成するもの）と付属語（自立語と結合してはじめて文節を構成するもの）に分けられる。	単語 ➡ 自立語 付属語
例	私（自立語） は（付属語） ＝ 文節　歩く（自立語） ＝ 文節　→ 文	

11 練習問題にチャレンジ

PART3で復習してきた日本語の基礎をもとに、問題を解いてみよう。あなたの国語力を採点してみる。

（解答→70ページ）

同義語・反対語・同音異義語

問1　1～10の語の同義語としてもっとも適切なものをア～コから選び、記号で答えなさい。

1 安全〔　　〕　2 追憶〔　　〕
3 加勢〔　　〕　4 辛抱〔　　〕
5 簡潔〔　　〕　6 組織〔　　〕
7 許可〔　　〕　8 算段〔　　〕
9 律儀〔　　〕　10 冷淡〔　　〕

ア 我慢　イ 助力　ウ 認可
エ 簡明　オ 無事　カ 薄情
キ 実直　ク 工面　ケ 回想
コ 機構

問2　1～10の語の反対語としてもっとも適切なものをア～コから選び、記号で答えなさい。

1 栄転〔　　〕　2 過激〔　　〕
3 加盟〔　　〕　4 落第〔　　〕
5 真実〔　　〕　6 原因〔　　〕
7 高慢〔　　〕　8 質疑〔　　〕
9 物質〔　　〕　10 創造〔　　〕

ア 結果　イ 脱退　ウ 模倣
エ 応答　オ 及第　カ 左遷
キ 謙虚　ク 精神　ケ 虚偽
コ 穏健

問3　1～5は同音異義語である。〔　〕に適切な漢字を入れなさい。

1 試験問題のカイトウ〔　　〕欄
　アンケートにカイトウ〔　　〕する
2 捕虜をカイホウ〔　　〕する
　校庭カイホウ〔　　〕の日
3 利潤をツイキュウ〔　　〕する
　トラブルの責任をツイキュウ〔　　〕する
4 イシ〔　　〕が強い
　イシ〔　　〕の疎通に欠ける
5 初夏のキコウ〔　　〕になる
　新校舎のキコウ〔　　〕式に出席する

四字熟語と故事・ことわざ

問4 1～9の四字熟語の□に当てはまる漢字をア～ウから選び、記号で答えなさい。

1 □中模索（あんちゅうもさく）
ア 暗　イ 安　ウ 闇

2 紆□曲折（うよきょくせつ）
ア 世　イ 預　ウ 余

3 疑心暗□（ぎしんあんき）
ア 気　イ 鬼　ウ 機

4 □顔無恥（こうがんむち）
ア 高　イ 厚　ウ 幸

5 縦横無□（じゅうおうむじん）
ア 尽　イ 仁　ウ 陣

6 主□転倒（しゅかくてんとう）
ア 格　イ 角　ウ 客

7 絶□絶命（ぜったいぜつめい）
ア 対　イ 体　ウ 態

8 天衣無□（てんいむほう）
ア 報　イ 縫　ウ 法

9 □若無人（ぼうじゃくぶじん）
ア 忘　イ 暴　ウ 傍

問5 A群のことわざにもっとも意味が似ているものをB群から選び、記号で答えなさい。

【A群】
1 河童の川流れ
2 馬の耳に念仏
3 論より証拠
4 歳月人を待たず
5 月とすっぽん
6 名を捨てて実を取る
7 飛ぶ鳥を落とす
8 弱り目にたたり目
9 転ばぬ先の杖

【B群】
ア 百聞は一見にしかず
イ 花より団子
ウ 石橋を叩いて渡る
エ 猫に小判
オ 提灯に釣り鐘
カ 光陰矢のごとし
キ 猿も木から落ちる
ク 泣き面に蜂
ケ 破竹の勢い

誤りやすい言葉

問6 1～9の――線を引いた漢字が正しければ○をつけ、誤っていれば正しいものに書き直しなさい。

例 更生（厚生）年金

1 風邪をひいたらしく悪感（　　）がする。

2 暗い夜道を一人歩きするなんて言語同断（　　）だ。

3 今年のお正月は温泉三味（　　）で、のんびりと過ごした。

4 大学の課程を終了（　　）した。

5 除行（　　）運転をしなくてはいけない。

6 先入感（　　）で人を見てはいけない。

7 今の発言を徹回（　　）してください。

8 粉飾（　　）決算だということが明らかになった。

9 無我無中（　　）でがんばって働いてきた。

問7　1〜8の——線の漢字の読みを書きなさい。

1 法律を遵守（　　）することを改めて誓った。

2 本のはじめにある凡例（　　）を読んでから内容を確認しなさい。

3 この書類に署名捺印（　　）してください。

4 思惑（　　）通りには、物事は運ばない。

5 仕事を斡旋（　　）する機関であるハローワーク。

6 平安時代に建立（　　）された建物。

7 今日の会議は議論が紛糾（　　）している。

8 各国の条約の批准（　　）が待たれる。

解答

問1
1 オ　2 ケ　3 イ
4 ア　5 エ　6 コ
7 ウ　8 ク　9 キ
10 カ

問2
1 カ　2 コ　3 イ
4 オ　5 ケ　6 ア
7 キ　8 エ　9 ク
10 ウ

問3
1 解答　回答
2 解放　開放
3 追求　追及
4 意志　意思
5 気候　起工

問4
1 ア　2 ウ　3 イ
4 イ　5 ア　6 ウ
7 イ　8 イ　9 ウ

問5
1 キ　2 エ　3 ア
4 カ　5 オ　6 イ
7 ケ　8 ク　9 ウ

問6
1 悪寒　2 言語道断
3 ○　4 修了　5 徐行
6 先入観　7 撤回　8 ○
9 無我夢中

問7
1 じゅんしゅ　2 はんれい
3 なついん　4 おもわく
5 あっせん　6 こんりゅう
7 ふんきゅう　8 ひじゅん

配点
問1、問2　1問1点×20問＝20点
その他　1問2点×40問＝80点
計100点

あなたの点数は？

PART 4

作文・小論文のテクニック—上級編

与えられたテーマをいかに自分のものにするか。プレゼンテーションとコミュニケーションの能力を身につければ、きらっと光る文章が書けるようになる。

1 テーマのとらえ方のコツをつかむ

日常生活から手がかりを探し、そこから経験と意見を述べる。身近な世界から大きな視点へと移っていく。

テーマを設定して、書く練習をしてみる

実際の試験で出されるテーマはさまざまである。前述したように、業界や職種によっても違いがある。

そこで、試験対策としては、**自分でテーマを決めて、文章を書いてみよう。練習を積んで書き慣れることも大切だし、このような文章から、どんなテーマに応用がきくのかを、秩序立てて整理していくことも重要な要素だ。**

まずは、テーマを決めてみよう。どのような業界でも共通して出題され、なおかつとらえどころがむずかしいのが、「抽象的なテーマ」。書き出す前に全体の構想を練り、アウトラインの作成から始めよう。

よく試験会場で、開始の合図とともに書き出す人を見かけるが、与えられたテーマによほど精通している人か、やみくもに目的地もわからず走り出してしまったランナーのような人なのだろう。

自分の出発地点と到着地点をあらかじめ確かめ、そこにたどり着くまでの行程をきちんと組み立ててから走り出そう。コースを決めることが一番のポイントとなる。決められた行程表さえできていれば、あとの作業はさして大変なものではない。

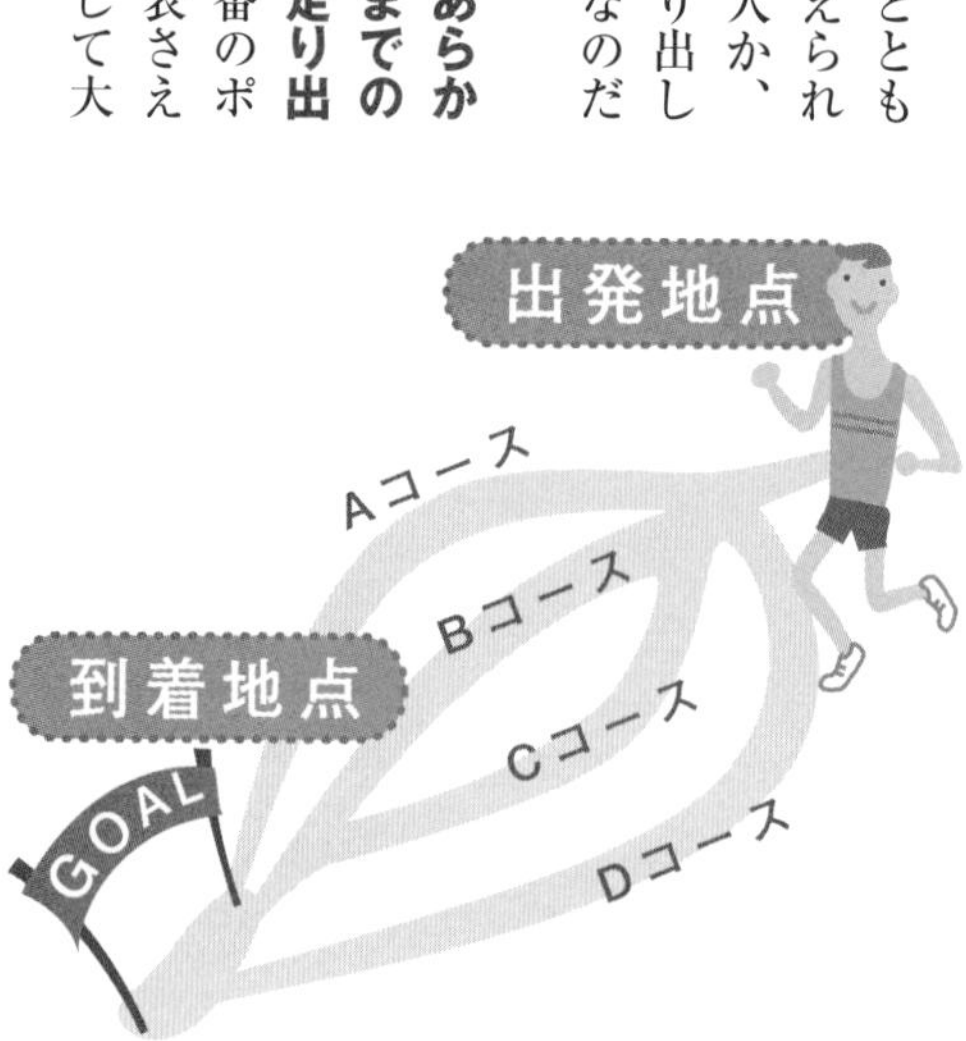

「山」というテーマが与えられたとすると

アウトラインをつくるとは、どういうことなのだろうか。最初に、「山」という言葉から、自分が思い起こすすべてのものを書き出してみる。

「**山**」

❶世界文化遺産である富士山。よく報道される富士山のゴミ問題
❷大学時代に行った乗鞍岳スキー場で吹雪に遭い、山の怖さを体験
❸高尾山のゴミ拾いのイベントに参加。こんなにもゴミが多いとは
❹山の樹木医という職業を知る
❺雲仙普賢岳の火砕流被害の本を偶然手にした。日本にはたくさんの活火山がある
❻「山」と「川」は対照的に取り扱われることが多い
❼山の村々を消し去ってしまうダム開発
❽山村留学をする子どもたちが増えている

自分の知っていることや経験したことを拾い出す

❶から❽までのなかで、経験談であるのは❷と❸。あとは一般論と考えてよい。話の糸口は、自分の経験談から見つけてみる。

❷であれば、「自然の怖さを知り、自然と真摯に向き合って生活していくことを学んだ」というような結論にもっていく。

❸であれば、「環境保護に関して、何らかの形でこれからも関わっていきたい」などとする。

どちらも一例であるが、まず、**導入の部分を決め、経験を語り、そこから得た思いや知識により、結論へと結ぶ。**また、その結論が企業のどういう部分と重なるかまで述べられれば、完璧である。

連想は、自分の思いつきをランダムに箇条書きするだけでいい。順番や重複に気を取られることなく、書き連ねてみよう。

身近なことから大きな視点に立って物事を見る

身近なできごとから、社会へと考えを膨らませていく。

❷であれば、自然災害の怖さを忘れてはいけないことや山でのマナー。おおげさなほど慎重を重ねても過ぎることはない自然への対処法。これらへと視点を移して結論とする。

❸では、自然を守るという意識を常にもって生活し、みんなの小さな行動の積み重ねが環境保護という大きなうねりになるように心がける。このような社会的視野への移行を表わす結びとする。

●アウトラインをつくる

経験談
（自分の経験したできごとや事件）
↓
大きな視点
（国や世界、社会に立ったものの見方）
↓
自分の考えや意見

自分の意見と企業側の接点を見つける

自分の考えや意見を明らかにして示すことは、試験官に大きなインパクトを与える。そして、企業の業務内容や属する業界との接点などをいくらかでも述べることができれば、より成功したと言えるだろう。

企業が建設業界であるならば、73ページで述べたことに対しては、「自然と共存しつつ、私たちの暮らしを豊かなものにする開発を推し進めていくことが、働く者として与えられた使命であると思っている」とする書き方もある。

複数の業界を受験する人は、この結論部分の意見に当たるところを、書き換えることによって、対応が可能になる。決して、おおげさなことを書く必要はない。**試験官が見ようとしているのは、受験者の人となり**であり、将来の有望な人材となりえる人を探しているのだから。

「地域の活性化」というテーマが与えられたとすると

今度は、「地域の活性化」というテーマについて考えてみよう。これは、小論文の形で書くように指示されるかもしれないテーマである。

「**地域の活性化**」

❶私の父は区の民生委員をしている
❷地方分権という言葉が叫ばれて久しい
❸近くの地区センターに行ってみたら、たくさんの講座が開設されていた
❹商店街を歩いていて、また一つ閉店した店を見つけた
❺地域の夏祭りが十年ぶりに今年から復活した
❻近くにあった民間企業の社員寮が高齢者施設に変わった
❼都市と地方の地域格差が話題になっている。
❽学童保育施設をデイサービスに通う高齢者の施設に隣接させ、相互の交流を図りながら運営している

メインにすることがらをいくつか抽出する

❶から❽までのなかで、具体例として挙げられるものをいくつか拾い出してみる。たとえば、❹、❺、❽を取り上げる。

❹では、大型スーパーなどに押されて経営が成り立たなくなった個人商店の現状を示す。地域の特色ある商品展開を考案し、大型店ではできない顧客サービス案を考えてみる。

❺では、祭りの実行委員をすることにより、地域の人たちとの交流が生まれ、育った町に関して改めて気づかされることもある。小さなアイデアから新しい町づくりが始まる。

❽では、小学校の空き教室を改造しての子どもとお年寄りの交流を紹介する。核家族化の進む現在では、お年寄りと接したことのない子どもも多い。高齢者ならではの知恵を披露してもらい、また、お年寄りも子どもと接することで笑顔が多く出るようになる。

具体例から提案をし、自分の意見を明らかにする

❹、❺、❽で拾い出した具体例と提案を示し、結論へとつなげる（基本的には、拾い出すのは一つだけ。話題としてうまく一つにまとめられれば二つでも。76ページ参照）。

（例）生まれ育った町を見つめ直して、自分のできることから行動をしてみる。商店を経営する知り合いがいれば、一緒に地元ならではのアイデアを考える。地域のイベントには、できるかぎり積極的に参加して、町の人たちとの連携をはかる。また、子どもやお年寄りは、社会全体で支え合う。このように、身近にあるのに、見落としがちだったことがらを見直して、地域の一員であるという意識を忘れずに生活していく。

　自分のいる場所（住まいや会社）を常に活性化させて、エネルギーの感じられるところで、活動することを心がけている。

テーマの発想はここから

与えられたテーマで、どうしてもたくさんの連想ができないときはどうするか。どんなテーマにも共通する発想の元を次に紹介しよう。

・新聞紙上やニュースにはどのようなものが取り上げられているか
・自分のやりたいことは何か
・どんな社会人になりたいか
・自分の将来像を描いてみる
・志望業界がほしい人材とはどのようなものか
・志望業界の抱える問題は何か
・志望業界の今後の展望はどのようなものか

以上のようなことを書き出してみると、かならずいくつかは、発想の糸口になるはずだ。考え方に柔軟性をもってアウトラインを考えてみよう。

2 論点を一つに絞り話の主題を明確にする

書きたいことはたくさんあっても、論点は一つに絞る。自分の意見まで示せれば、試験官に強い印象を与える。

一つの話題から一つの主題へ

文章を書くときには、あれもこれもと書きたいことをすべて連ねることはしない。書きたいことのなかから、**話題を一つ選び、一つの主題を設け、結論は簡潔に述べる。**

一本の太い道筋にしておかないと、散漫な印象のものになってしまう。また、内容的にも結局は何が書いてあったのか、何が言いたいのかがわからなくなってしまう。まず、**さまざまな素材を発想し、そのあと勇気をもって、材料を捨てていくことが重要なポイントになる。**

●書き方のテクニック

1 与えられたテーマ

↓

2 (話題) (話題) (話題)(書きたいこと)

↓

3 (話題)(話題を1つ選び、あとは削除)

↓

4 言いたいこと・主張を1つ提示

↓

5 1つの結論(1から4の道筋が明確になっている)

問題提起の形を使って小論文試験に挑む

与えられたテーマから、身近で具体的な問題にテーマを絞り込む。そして問題を提示して、その問題の答えと答えに至った理由を明らかにする。

「**温暖化**」というテーマが与えられたとすれば、具体的であり身近な問題、「近年の異常気象で私たちの生活様式が変わりつつある」とか「深刻化する農作物への影響」など、具体的な事象を提示する。

⬅

ここからYES、NOという自分の意見を明示する。

そして次に、そのYES、NOに至った理由を展開する。

YES（またはNO）という意見になった理由を説明するのに、裏づけとしてNO（またはYES）とした場合の理由も考慮する。かならず反対の理由を頭の隅に置いておけば、より深い説明になる。

小論文試験では、この形を覚えておけば、アウトラインの作成にすぐ取りかかれる。

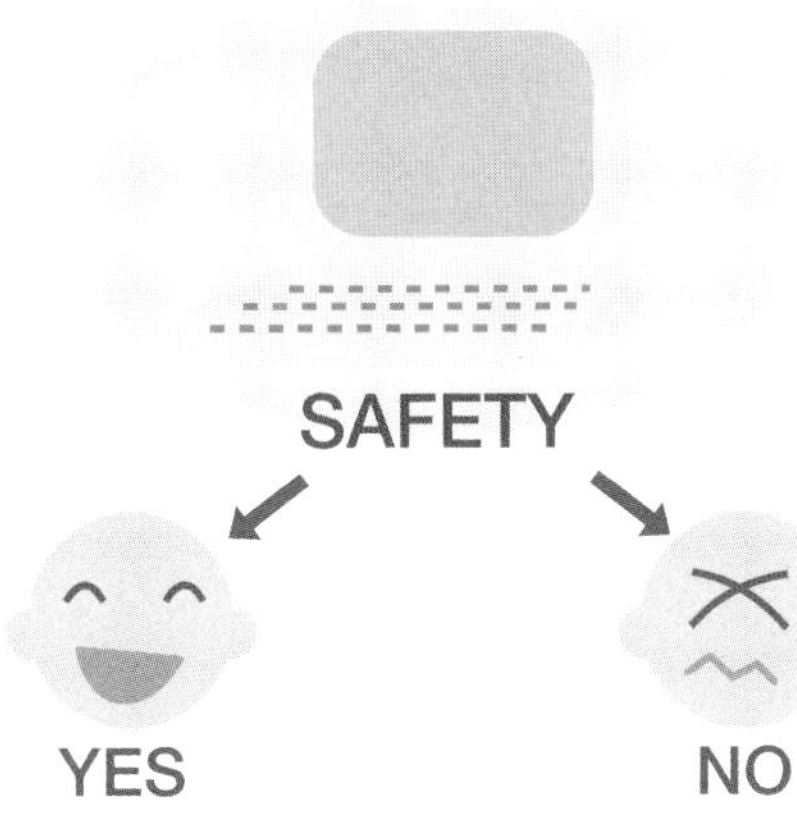

「ボランティア」というテーマの場合

範囲の広い、大きなテーマである。自分の身に引き寄せて話題を考えてみよう。

「**ボランティア**」

❶子どもに絵本の読み聞かせをしているボランティアグループの人と知りあった

❷能登半島地震では、ボランティアの支援活動事前登録が行われた

❸社会的にはどんな組織として定義づけされているのか

❹学生時代、高齢者施設でボランティアの一員として活動したことがある

❺国内だけでなく、海外ボランティアという言葉をしばしば耳にする

この❶から❺のなかから一つを選ばなくてはならない。ここでは❹を選んだとしてみよう。自分の体験が伴っているので、一番話の展開がスムーズにいくだろうと思われるものにした。これも一つの基準になる。

主張から結論へとつなげる

（例）高齢者施設で、お年寄りに接したときに思ったことがある。お年寄りと一緒に遊ぶだけでボランティアと言えるのだろうか。

YES

お年寄りに昔の話や古い日本の歌、遊びなどを教えてもらい、一緒に過ごした時間は、普段とは別の時間の流れだった。また、私たちの知っている新しい歌は、逆に覚えてもらった。"してあげる"ではなく、同じ目線に立って一緒に時を過ごす。助けてあげることもできるが、こちらが助けられることもおおいにある。

この気持ちを忘れずに、自分のもっている力で、何か社会に貢献できることがあれば、小さなことから始め、継続していきたい。

自分にとっての○○というように考えてみる

範囲の広いテーマや抽象的なテーマでは、「自分にとっての○○」というように考えてみる。そうすれば、具体的でより身近なテーマに加工することができる。

「**環境破壊**」というテーマから、「自分にとっての環境破壊」というテーマに置き換える。自分が述べることのできる具体的な話題がどれくらいあるか、書き出してみよう。

❶ゴミの分別が徹底されていないことがある
❷いつも夏に行く長野の山の家では、以前に比べ、庭の木々の育ちが悪い
❸マイクロプラスチック削減に向けた数多くの対策がある
❹ライフサイクルにおいて二酸化炭素の排出量と吸収量がプラスマイナスゼロの状態を目指すカーボンニュートラルの取り組みが注目されている
❺私の町で、昼間の自動販売機の明かりを消すという条例が出た

話題を決定し、自分の意見へと進める

ここでは、❺を選んでみる。大きな「環境破壊」というテーマから自分にとっての「環境」である、町の温暖化防止の"自動販売機への取り組み"について述べる。

（例）条例で自動販売機の明かりを午前七時から午後四時まで消すということが決まった。これにより二酸化炭素の排出量が減少するという。実施されてみると、不便は生じなかった。

実施に至るまでは、関係業界の反発もあったが、一つの町のそんな小さな温暖化防止策が地球規模のレベルにきっと広がるだろう。一人ひとりの意識の問題である。私たちのまわりをもう一度見直してみよう。きっとできることがあるはずだ。

このように、自分の近くのできごとで、テーマにつながることは必ずある。いつも見ていることも角度を変えて見ることができるようになろう。

information + α

副題をつける場合のコツ

試験では、ほとんどの場合はテーマが与えられている。改めて「題」を付けるというようなことは少ない。しかし、副題（サブタイトル）を付けるように指示されることはまれにある。

副題を付けるときは、まず文章の全体を読んでみる。

❶そのなかにあるキーワードは何かを考える

↓

❷キーワードを単語だけではなく、主語と述語の文にする

↓

❸できあがった文が具体的なものかどうかを検証する

この手順を踏めば、副題を見ただけで文章の全体が理解できる、上手なタイトルづくりができる。

まとめ

★テーマから結論までのテクニック

❶ テーマを見て、自分に近いことや経験談につながることがらを考える

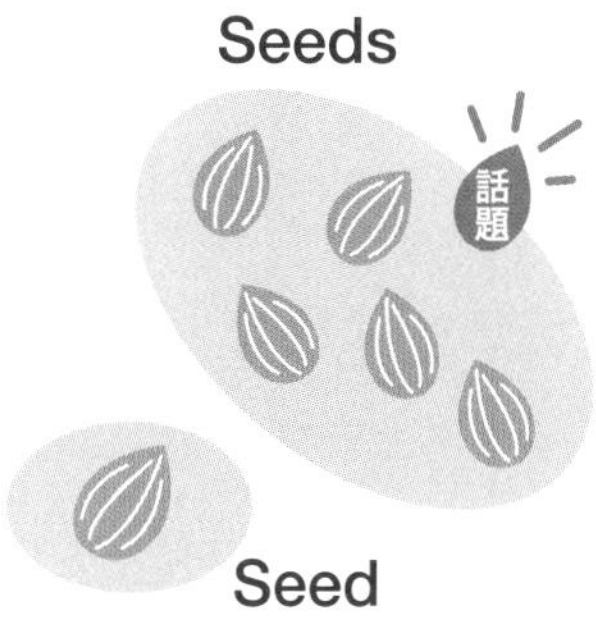

↓

❷ ❶のなかからでてきた話題から、1つを選ぶ

↓

❸ アウトラインを作成する

展開に苦慮したとき

- A「○○は～すべきか」「○○は～だろうか」というような問題提起の形に置き換えてみる
- B 大きなテーマや抽象的なテーマでは「自分にとっての○○とは」とぐっと引き寄せて見つめてみる

❹ 実際に書き出す

（自分の経験や身近なできごと・問題提起）

↓

❺ 話を展開させる

（大きな視野に立ったものの見方を心がける）

↓

❻ 1つの意見へと結論づける

3 読ませる文章——プレゼンテーション

書き方や構成の基本をマスターしたなら、次はいかに読ませる、インパクトのあるものにするかだ。

書き出しで勝負をする

43ページでも少し触れたが、文章の構成には、構成の基本に忠実に沿う方法と、わざとこの流れを崩して、より印象深いものにして読み手の興味を引きつける方法とがある。

❶結論を冒頭で示す

「私は、地域の専門家による高校生特別授業には賛成である」

というように、自分の意見を最初にもってきて、そのあとからその理由や説明を述べる。

❷冒頭で、興味深いことがらやおもしろい言い回しをもってくる

「あっ、あぶない、と思ったのと冷たい水のなかへ頭から落ちていくのが同時だった」

というような、目の前に浮かんでくるような情景描写から入る方法もある。これだと、読み手には具体的な映像が頭に飛び込み、インパクトはかなりある。しかし、結論の部分とうまく呼応させることができていなければ、せっかくの書き出しも台無しになってしまう。高度なテクニックを要する。

❸問題提起をして疑問を提示する

「子どものネットの使い方が問題化している。ＳＮＳ教育が必要なのではないだろうか」

というように、問題を提起して疑問を投げかける。実際に自分が体験したことから、疑問へとつなげ、独自の見解まで示せると、さらによい。

❶から❸は一例で、ほかにも工夫を凝らした冒頭の書き方はある。文章を書くことに慣れていない場合は、基本の構成（42～43ページ）から練習することをお勧めする。

話のなかで、事物の対比を入れると内容に深みが増す

すべての作文・小論文に使えるわけではないが、具体例を挙げて意見や主張をアピールしていくときに、**対比を入れて説明するとわかりやすくなる。**

たとえば、「これからの雇用」というテーマで考えを述べるとする。「昔は、定年は五十五歳、そのあとはゆっくりと私生活を楽しむというのが通常だった。現在は、十八歳人口の減少とともに労働人口の確保が問題化している。そこで高齢者の新たな雇用が産業界の話題となってきた」。

このように書けば、読み手にストレートに伝わっていく。

また、時事的要素が入っていることも、内容の深みを増すもう一つの理由になっている。与えられたテーマが社会情勢に関する問題にかぎらず、**ほかのさまざまなテーマの場合でも、時事的要素を入れてみよう。**考察の深さを印象づけること間違いなしである。

目で見ているような具体的表現を使う

「今日は本当に天気がよい」と書くよりも「今日は、空がどこまでも高く青く、思わず手を伸ばしたくなるような天気のよさである」としたほうが、どんなに晴天で、気持ちのよい日であるかが実感できる。このように決まり文句ではなく、**具体的な自分だけの言葉で表現**したほうが、読み手にはわかりやすい。

また、「おいしそうなケーキがあった」とするよりも「クリームの甘さとまわりを飾るフルーツの甘ずっぱさが見ているだけでもわかるケーキがあった」としたほうが、手に取って食べたくなる感覚がより強くなる。

実際の試験では、字数制限があり、そのなかで、要素を漏れなく入れながら、表現方法にも考えを及ばせるのはむずかしいことである。可能な範囲で、一つでもこのようにできれば、勉強したかいがあったことになる。

具体的なことから大きな視野へ

73ページのアウトラインをつくるところでも述べたが、自分の目の前にある具体的なことから、社会に対して広い視点をもった見解へとテーマを展開させる。この展開が上手にできるかで、読み手が受けるイメージは大きく違ってくる。

たとえば、「**食の安全について**」というテーマで考えてみよう。まず、自分の身近なできごととして、よく通っていた焼き肉チェーン店が閉店したことを経験談として述べる。行政の法整備や「食」のあり方をもう一度点検する必要がある。私たちの食卓にのぼる食品をあらためて考え直す。そのためには「食育」に力を入れ、食の安全に対する意識を高めることが求められる。自分の健康は自分で守っていかなければならない。

このように、**社会的視野に立った意見で結論を導きたい**。不自然でなく話が展開できていれば、読みやすい文章になっている証である。

常にポジティブな姿勢を見せる

暗く、マイナスイメージの発言ばかりをしていては、プレゼンテーション能力が高いとは言えないだろう。

たとえば、「**景気の先行き**」というテーマで考えてみる。明るい材料も暗い材料もある。しかし、そこから明るい材料を拾い出して文章を展開しよう。「景気の先行きは決して楽観的ではない。しかし、新しいアイデアで、業績を伸ばし、年商が前年の十倍近くになったという地方の衣料品メーカーもある。商品開発にしても人事制度にしても今までになかった発想で、飛躍的な躍進を遂げた。要は私たちの発想の転換がキーワードになるのだ」というようにする。

どんな状況でも、光を見出せる人柄であることをアピールするテクニックを身につけよう。採用者側はきっと、そういう仲間と仕事をしていきたいと思うはずだ。

information ＋ α

こんな導入の仕方も……

文章の冒頭の書き方をもう一度チェックしてみる。

❶ 一般論から入る

「新聞報道では～」「ニュースの伝えるところでは～」というように客観的な一般論から入る。

例）新聞報道では連日、世界で起きている紛争に関する記事が出ている。……

例）ニュースの伝えるところでは、年々桜の開花日が早くなっているそうだ。……

❷ 定義づけから入る

「○○は～である」というように定義づけから入る。

例）ウェルビーイングは心身と社会的健康を意味する概念である。

まとめ

★プレゼンテーション能力を発揮する

❶ 書き出しがものをいう

・まず結論を言う
・インパクトのある言い方や内容で始める
・問題を出して、「○○は～なのか」の疑問形で始める
・一般論から入る「新聞やニュースで○○と言われている」
・「○○は～である」という定義づけで始める

❷ 事物の対比を入れる

「Aの場合は～、Bの場合は……」と、比べるものが明らかになっていると、内容がイメージしやすい。

❸ 時事的要素を入れる

時事的な内容やキーワードが入っていれば、考えの広さや深さをアピールできる。

❹ 具体的な表現を使う

目で見る、耳で聞く、匂いをかぐなどのような、五感を活用したときに浮かぶ表現方法を入れる。

❺ ポジティブな姿勢を忘れずに

どんな状況でも、前向きに考えられる人間であることをアピールする。

❻ 大きな視野でものを見る

身近なできごとから、社会性のある大きな視点をもっていることを示す。

④ 伝わる文章——コミュニケーション

（どのようにすれば、わかりやすく正確に、相手に伝えたいことが伝わるか。すべての文章に共通する重要ポイント。）

新聞は5W1Hの典型的な手本である

5W1Hを自分のものにするには、新聞を読むことを勧める。新聞はもっとも身近にある、最良の手本だ。

新聞では、大きな見出しと本文との間に、概要（リードという）がある。ここで、本文のあらましを、5W1Hを使って二〇〇字前後でみごとにまとめあげている。

試しに、手元にある紙の新聞や紙面ビューアーを見てみよう。ここだけを読んで、内容を把握する人も多いはずだ。簡潔にすべての要素が網羅されていることを確認してほしい。

5W1Hの確認をする

文章を書くときの基本として、起承転結とともに大切な5W1Hを思い出してみよう。以前、学習したことがあるはずだ。

Where	どこで
When	いつ
Who	だれが
What	なにを
Why	なぜ
How	どのように・どうやって

上の表のような要素を入れることが文章の骨組みになる。**「起承転結」が内容的な流れの基本であるとするならば、5W1Hは、文章そのものの基本である。**読みやすい文章は、この骨組みづくりを行うことによって自然とできてくる。また、段落構成（42～43ページ）へも自然とつながっていく。

自分の書いた文章は、この条件が網羅されているだろうか。常に5W1Hを頭に置いて練習をしよう。くり返し練習することが、何よりも成果をあげるコツだ。これは就職試験の作文・小論文ばかりでなく、ビジネス書類の書き方、日常の電話メモの取り方の基本にもなる。

次のリードから5W1Hを拾ってみよう

「東京の○○美術館で今月一日から開催中の『××記念特別展』で今まで無名であった寛永の作家△△が注目をあびている。△△の作品は江戸時代初期の女性がアクセサリーとして使っていた装飾品で、工芸技術の高さを示す最高傑作だ。当時の工芸品は残されている数も少なく、女性の暮らしをも彷彿させる。連日、多くの来場者の目を奪っている。」

Where（どこで）	▶	東京の○○美術館
When（いつ）	▶	今月1日から
Who（だれが）	▶	今まで無名であった寛永の作家△△
What（なにを）	▶	注目をあびている
Why（なぜ）	▶	△△の作品は工芸品としての技術度が高い・残されている数が少ない
How（どのように）	▶	××記念特別展

順序に決まりはない。また、小説のようなものでは、六つの要素のなかでいくつかが隠れていることもあるが、作文・小論文ではすべてが必要だ。

経験や効果的なエピソードは文章をわかりやすくする

プレゼンテーション能力とも重なる部分だが、やはり、身近で具体的な要素を取り入れた文章は、コミュニケーション能力を高める。小論文では、よく具体的なことから抽象論へつなげて、結論を導く。**ここでの具体論が、どれくらいわかりやすく、本人の経験から出ている表現になっているかが問われる。**また、体験したちょっとしたおもしろいエピソードの挿入も、わかりやすさ、興味度を増す要因になる。

もう一つ、決まり文句も多くは使わないようにしたい。「目から鱗《うろこ》が落ちる思いがした」などとするよりも「新しい方向性が急に目の前に広がってきた思いだった」などとしよう。もちろん、故事・ことわざなどの日本語の基礎知識は大切であり、試験に臨むときには、復習しなければいけない。しかし、個性のない言い回しの多用は避けるべきである。

information ＋ α

もう一度確認、採点基準

形式から

1. 正しい文字、文法表現
2. 指定された文字数で収められている

内容から

1. 論点がはっきりしている
2. 自分の言葉で表現されている
3. 論理の展開に一貫性がある（構成がきちんとできている）
4. 就職に対する心がまえがみえる
5. 仕事に対する適性がある

試験官は、上記の観点から採点する。形式面、内容面両者のポイントをしっかり身につけて、すべての項目をクリアできるように。

試験官は通常、複数人。すべての人から合格点をもらわなくてはならない。

5 時間配分・字数制限に気をつける

試験の際に、ついやってしまいそうな間違い。簡単なことだけれど、決して見逃してはいけない注意事項を確認。

日頃の練習がものをいう、時間配分のテクニック

実際の試験では、与えられた時間内での作業配分が出来不出来を大きく左右する。**試験時間は、六十分から九十分くらいといわれている。**この制限時間内でどのように書き進めていけばよいのだろうか。

まずは、アウトラインの作成から始めよう。アウトラインの修正はしないようにしたいので、ここでしっかりと構成を固める。全体の時間の四分の一くらいを当てるのが望ましい。

➡ アウトラインができあがったら、その構成に従って、実際に書き出す。段落のつながりがなめらかにいくように心がけながら、書き進めよう。

➡ ある程度書き上げて、時間的余裕があれば、前半部分の読み直しをしたい。前半の流れを確認しながら、後半の内容へとつなげる。しかし、時間的に無理なようだったら行う必要はない。

➡ 最後の十分で、推敲《すいこう》する。ここでの推敲とは誤字・脱字、文末表現の訂正などを指す。内容の訂正をする時間はないと思っていたほうがよい。実際は十分も時間は取れないかもしれない。

●試験場での時間配分

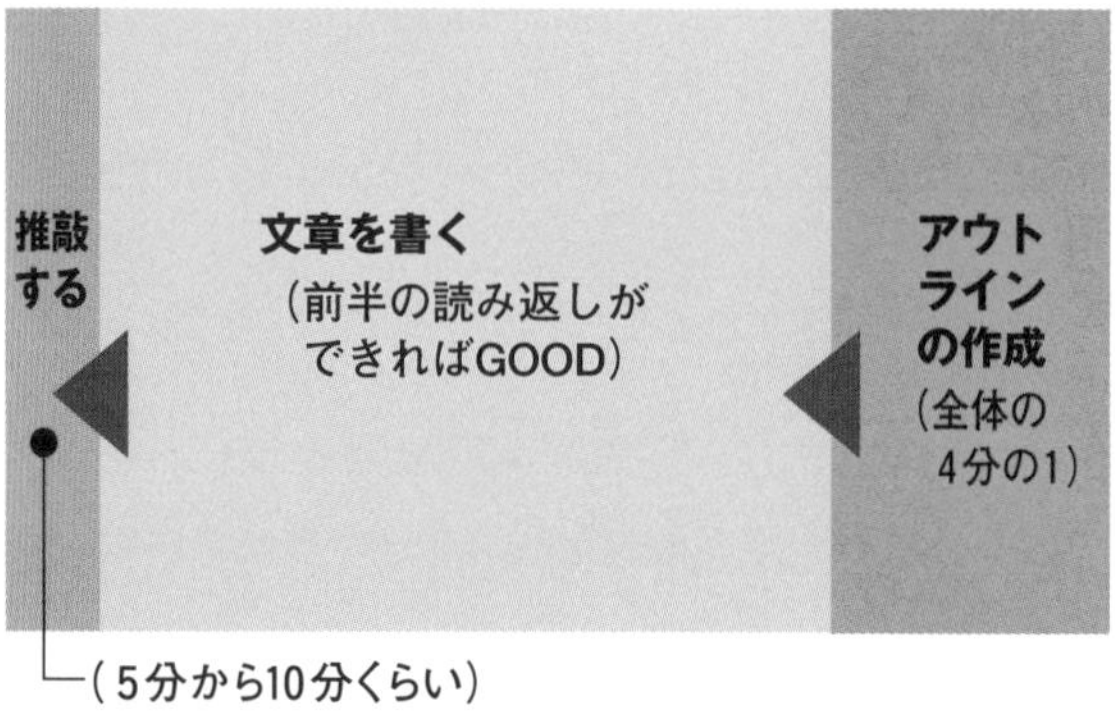

字数制限はかならず守る

与えられる字数はそれぞれだが、**だいたい六百字から千二百字。八百字程度の試験も多い。**八百字だとすれば、理想的なのは七百二十字から八百字のあいだでまとめることだ。**指定数の十パーセント減までが望ましい範囲。字数オーバーは絶対にしてはいけない。**プラスの許容範囲はないと心得よう。

普段から、同じテーマでも六百字の場合、八百字の場合などと自分で字数を設定して書き分ける練習をしておこう。かならず入れる要素と、多めの字数の場合に加わる要素とを、しっかり区別しておく。試験官によっては、字数の二十パーセント減程度を許容範囲とするところもあるが、体裁のよい分量はやはり、十パーセント減程度までといえる。字数のボリューム感をつかんでおくことが大切である。やはりそれには、普段から書き慣れておくことが一番だ。

推敲は形式上の誤りのみに限定する

書き終わったあとの推敲は、誤字・脱字、文末表現の統一などの形式的なことのみにする。内容の修正はよほど時間が残っている場合以外、避けたほうがいいだろう。前ページでも述べたように、推敲の時間は、五分から十分程度しかないからだ。内容の修正をしなくてもすむように、アウトラインの組み立てをきちんとしておく。

パソコンで文章を書くことに慣れてしまっている人は、手書きのときには、誤字・脱字が多くなる。「……です」「……ます」と「……である」「……だ」など、文体の混在にも注意しなくてはならない。

もう少し時間が残っていれば、接続詞の使い方をチェックしてみよう。接続詞の使い方が適切であるものと、そうでないものでは、文章のわかりやすさが違ってくる。なめらかなつながりになっていれば、大丈夫である。

字は丁寧に書かないと読み間違いのもとになる

きれいな字を書くことに越したことはない。しかし、字のうまさには個人差がある。試験では上手な字を書くのではなく、**丁寧な字を書くように心がけよう。**丁寧に書かないと読み誤りをし、また、句点と読点の区別もはっきりしないことがある。「。」と「、」では大きな違いである。

試験官は、数多くの作文・小論文を読まなければならない。読みやすい字で書かれたものは、読む意欲を増す。読む意欲を減退させないために、次の要件は必ず覚えておこう。

- 楷書《かいしょ》で書く
- 略字や判読不能な文字は使わない
- 文字が小さくならないように
- 文字の濃さを考える（薄くなりすぎないように）

意外と多い助詞の間違いと時制の混在

文章を書き進めるときに、意外と多いのが助詞の使い間違いだ。これは文法表現を誤って覚えたためではなく、書いているときのケアレスミスである。

「彼女は私の元気に働いているとわかると安心したようだった」

⬅

「彼女は私が元気に働いているとわかると安心したようだった」

このような間違いは、書き損じである。時間がないときなど、特におかしがちな過ちだ。**最後の推敲《すいこう》のときに、かならず間違いはすべて発見して直しておこう。**

また、文末表現での、「……だった」と「……だ」のような時制の混在の誤りもおかしやすい。現在形と過去形の使い方が統一されているか、要チェックである。

「春から体力トレーニングが始まる。私たちは夏の水泳シーズンに向けて、ウォーミングアップを開始したのだった。」

⬅

「春から体力トレーニングが始まった。私たちは夏の水泳シーズンに向けて、ウォーミングアップを開始したのだった。」

場面や状況を考えて、時制の一致も確認が必要である。

まとめ

★ここは必ずおさえる

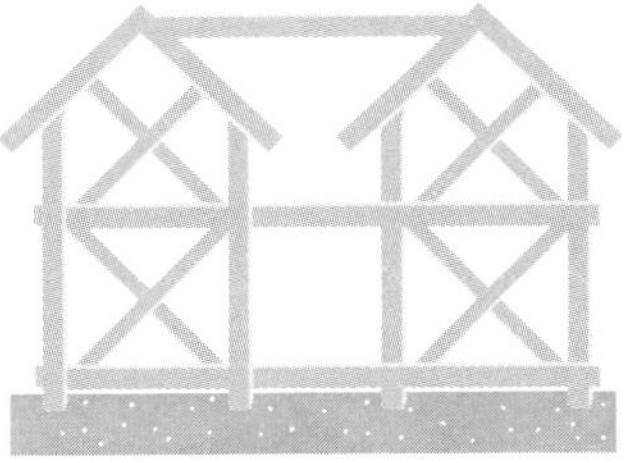

❶ 時間配分を綿密に

アウトライン作成（全体の 1 / 4 ）

↓

文章を書く

↓

推敲する（5分～10分）

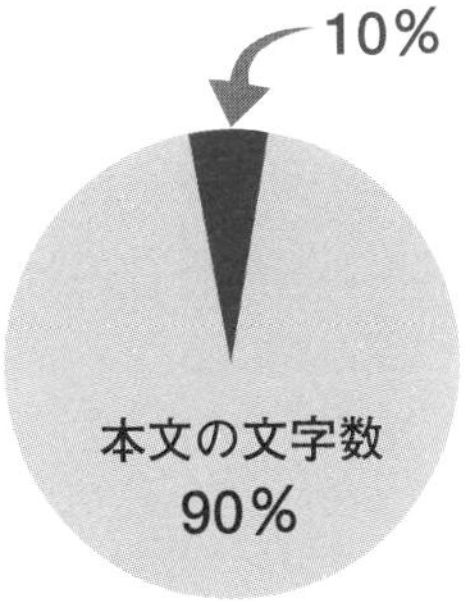

❷ アウトラインの書き直しはしない

最初に構想をきちんと組み立て、一度決めた骨組みは、本文を作り上げたあとで、変更しない。

❸ 字数は与えられた数の10%減くらいまでにする

600字だったら540字から600字が理想。800字だったら720字から800字にする。

❹ 推敲は形式上のチェックのみにする

推敲は、誤字・脱字、文末表現の統一、助詞の使い方の間違いくらいにとどめる。内容の変更は、この段階ではしない。

❺ 「文字は丁寧に」を心がける

上手な字でなくてもよいが、丁寧に書く。読み手に読み間違いをさせるような書き方は厳禁。文字は小さすぎず、薄くなりすぎず。

文字は丁寧に
楷書で書く

コラム❸

地域の生活に密着したコミュニティ・ビジネス

地域のニーズに応える

コミュニティ・ビジネスという言葉を聞いたことがあるだろうか。地域住民が中心となり、地域の課題に対して問題解決を図るために、サービスやモノを提供する仕事のことをいう。

仕事の内容は、福祉、介護、健康、環境、教育、地域振興などの多岐に及ぶ。たとえば、高齢者向けの給食宅配サービスをしたり、マンションの管理組合をサポートする事業を行ったりと、私たちが地域社会で抱えている問題に対応するものだ。また、使える土地を利用して、お互いの技術力を出し合い、一つの製品を作りあげる。これは手作りであったり、ローコストであったりする。できあがりは一般の商品とはひと味ちがった物となる。地域の求めている小さなニーズに応えていこうとする取り組みである。

「仕事」として見つめ直す

自分の利益を最大の目的とするのではなく、地域の利益の増大を目的とするこういった事業が注目され始めている。営利追求とボランティアの中間的なビジネスと言ったほうがわかりやすいかもしれない。この取り組みに参加しているのは、地域の主婦や定年退職した男性などが中心だが、若い人の活躍の場、アイデアの提供の場も増えつつある。雇用の受け皿としての役割もだんだんと担ってきた。

「生きがい」と「仕事」を考え合わせてみるとき、こんな取り組みがあることも覚えておいてほしい。資金の調達や運営方法、人材確保などたくさんの問題もかかえているが、自分自身の新しい発想で仕事ができる領域である。「仕事」というものを、こんな角度から見つめ直してみることもいい。

PART 5

作文・小論文のテクニック―実践編

テーマ別に実例を見てみる。例文とアドバイスを読み比べれば、文章研究になる。よい例、悪い例をしっかりチェック。それぞれのポイントにもきちんと目を通しておこう。

テーマ別の実例を見てみよう

どんな作文・小論文が書かれているのか、実例を読んでみよう。よい点や悪い点を知って、自分が書く際に参考にする。

テーマを設定して、書く練習をしてみる

96ページ以降で、一つの題材から書かれた作文・小論文を紹介する。これらを参考に着想の仕方や、書き方の工夫等を学ぼう。

就職試験では、まず自分をいかに魅力的に見せるかが大事だ。それには個性的な作文・小論文で、試験官にアピールする必要がある。また志望業界の勉強をしていることや、志望企業について知っていることを盛り込むなどのテクニックがあると、高得点が期待できる。

五種類のテーマごとに、頻出される題材を紹介

テーマは五種類に分類されている。志望企業がどのような題材を出題するか、過去問や先輩から探り出そう。そして出題される可能性が高いテーマを重点的に練習しよう。

「自分のこと」

自己分析をしたうえで、企業にアピールしたいことをまとめるようにする。具体的なエピソードを盛り込み、試験官に人柄を理解してもらえるよう努めよう。小学生の作文のようにならないように、言葉やネタの選択に注意を払おう。

「仕事（就職）のこと」

仕事や社会に対する心構えができていることを訴えるようにする。そのためにはアルバイトやボランティア活動などを通して学んだことを、これからどう活かしていきたいかといった未来についても言及するといい。しかし理想を掲げるあまりに、高慢な印象を与えないよう注意しよう。あくまでも謙虚な姿勢をもっていることを伝えよう。

「社会と国際情勢」

よく出される題材については事前に準備し、本番では清書するぐらいの感覚でいるといい。新聞やテレビ、インターネットのニュースなどを常にチェックする習慣をつけておこう。

「**抽象的なこと**」

一つの言葉から次々に連想していく練習が必要だ。また私にとっての「○○」は何かを考えてから書くようにするといい。

「**業界別テーマ**」

業界別によく出題されるものを取り上げた。知識と個人的意見を求められているので、しっかりと論述すること。

一つの実例から多くを学ぼう

96ページ以降に紹介する実例では、さまざまなヒントやポイントを紹介している。実際に書くときの参考にしよう。ページの見方を紹介する。

①書くためのポイント…作文・小論文を書くためにどんな発想をしたらいいかのヒントが書かれている。書く前に必要なポイントだ。

②アドバイス…本文中のよい表現・不適切な表現や、書き方の問題点等を指摘している。よく読み、参考にしよう。

GOODは実例の特によい部分、NGでは実例の特に悪い部分を紹介。GOOD・NGをよく読んで、どこが具体的によいか悪いかをしっかりつかもう。

③企業はココを見る…出題することで、企業は学生の何を知りたいと思っているかをまとめた。どんな文章を書けばいいかの参考にしよう。

④合否の分かれ目…作文・小論文を通しての総評をまとめた。試験前にココを読むだけでもヒントになる。

⑤段落構成…文章がいくつの段落で構成されているかを表示。基本的に三〜五段落がベスト。

実際に書いてみよう

96ページからの実例（最大文字数三十字×二十九行）を読み、アドバイスなどを把握したら、実際に書いてみよう。自分にとって書き易いテーマから始めてみるのもいい。予想される時間内で書き上げる練習を何度も行おう。まずは練習あるのみだ。

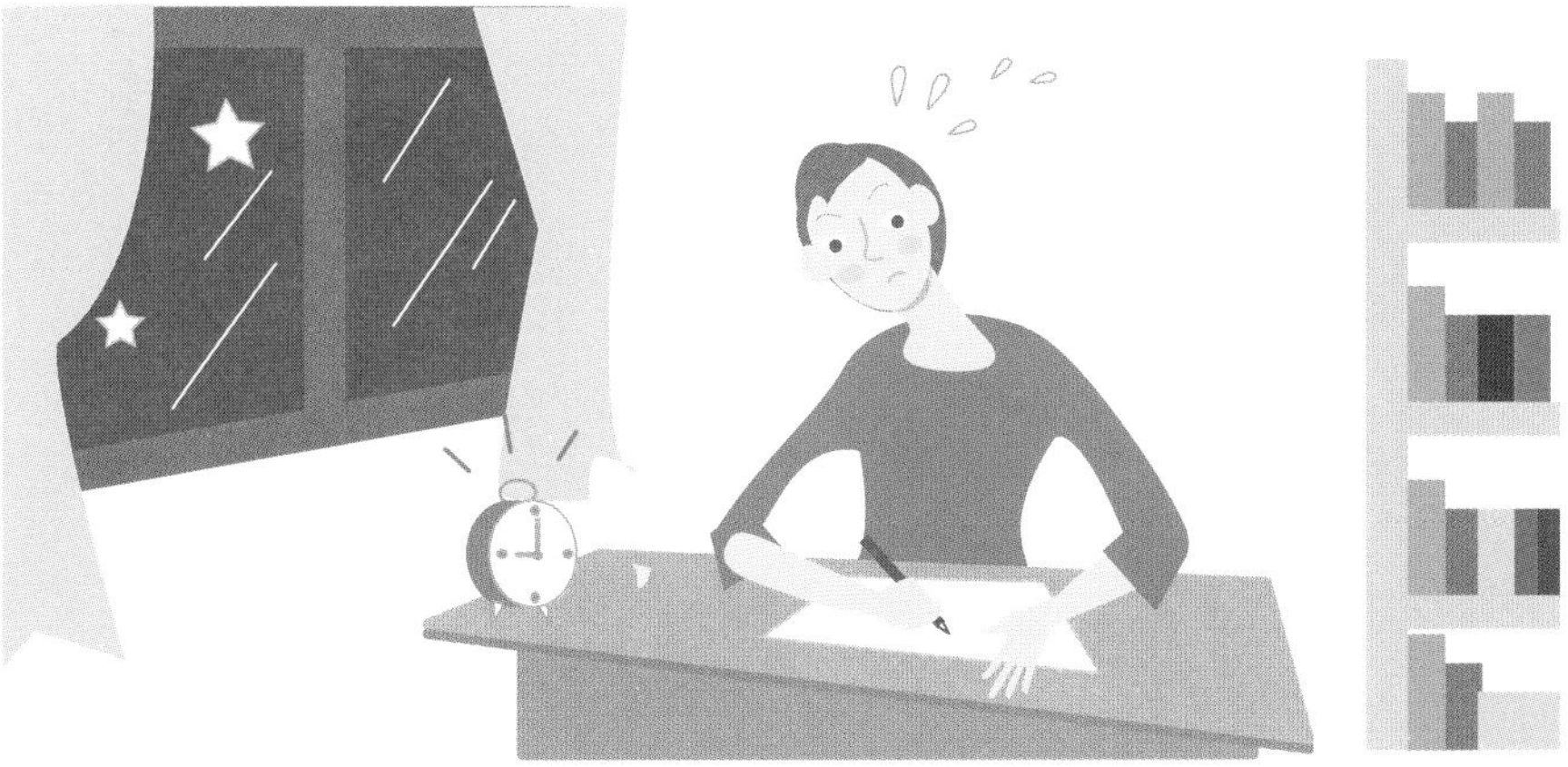

テーマ 1

自分のこと

「自分のこと」はこう書く

●自分を知ることから始める。
●今までの経験の中から具体的でわかりやすいことがらを選ぶ。

しっかりと自己分析することが大切

就職試験における心構えで、何度も目にする「自己分析」という文字。もう一度本書の20～21ページを読み直してみよう。この作業の意味や具体的なやり方を復習することから始める。22～29ページにある四つのワークシートを活用しよう。

①ここ数年を振り返る
②内面を自己分析する
③他者から意見を聞く
④人生の設計図を描く

四つのシートの記入をまず一度やってみることだ。

自分自身と向き合ってみる

自分を見つめ直す作業は意外とむずかしい。なぜなら、普段何気なく行っていることに意味づけをしていかなくてはならないからだ。

しかし、無理に理由を考えたり、根拠となるものを挙げる必要はない。**書き連ねた経験や、まわりの人から聞いた意見などから見えてくる、自然な自分の特性をチェックするだけでいい。**シンプルに考えていこう。

素の自分と向き合ってみることなど、今までにあまりなかったと思う。新しい自分が見えてくるかもしれない。

「自分のこと」のテーマ

❶自己 PR
❷志望動機
❸私の性格
❹私の夢
❺学生生活
❻私の友人
❼私の一番大切なもの
❽私の好きな本
❾忘れられないできごと

長所や短所を考えて発想をふくらまそう

自分の長所と短所を本当にわかっているだろうか。友人に自分の性格について聞いてみよう。また、得意なこと（好きなこと）や苦手なこと（嫌いなこと）は何かを書き出してみる。得意なことをさらにステップアップさせる方法や苦手なことの克服方法を考えてみよう。そこから将来の夢やどんな社会人になりたいかまで発想をふくらませることもできる。

さまざまな体験をまとめる

自己分析がきちんとできていることが準備のうえでは一番大切である。それを踏まえて経験をまとめる。

まず、学生生活でのできごとを時系列に並べてみよう。興味のあることやゼミ、アルバイト経験、海外留学、サークル活動などで、自分らしい行動を文章でまとめておこう。**初めは簡単な箇条書きでよい。その箇条書きを一つひとつ文章にしていき、起承転結の要素を簡単に盛り込む。**やる気を見せられる体験談はいくつあるだろうか。そこから考えられる将来設計もシミュレーションしてみよう。

予想時間や予想テーマを設定して実際に書いてみる。そして、実際に書いたものを先生や家族、友人に読んでもらう。貴重な意見がもらえるかもしれない。できあがった文章は、参考書などと読み比べてみよう。自分の文章がどの程度わかりやすいか、欠点はどこにあるかも比べることによって見えてくる。

合格への近道

1 hop

自己分析をする。自分の長所や短所を的確にとらえる。

↓

2 step

経験談をまとめる。やる気を見せられ、将来設計が見据えられるできごとを拾う。

↓

3 jump

実際に書いてみる。まわりの人の意見などを聞き、できあがった文章をブラッシュアップする。

↓

合格

テーマ 1

自分のこと

自己PR

書くための ポイント

●具体的なエピソードを交える
●話題は一つに絞る
●前向きな姿勢を見せる

5 段落構成

GOOD

弱小野球部で学んだこと

ホームベースを囲んで待つ友人たちの笑顔を見たとき、思わず涙がこぼれてきた。大学野球選手権の予選でホームランを打った私を、仲間が迎えてくれたときのことだ。

私の大学には野球部はあったものの、予選一回戦での敗退が連続二十年にもなる、弱小チームだった。中学、高校で野球部に所属していた私は、大学へ入っても続けたいと思っていた。しかし部室に行ってみると、部員は四名しかいないこと、次の練習日も決まっていないことを知った。がっかりした私は入部を諦めて、アルバイトに精を出そうと考えた。しかし自分の夢をそんなに簡単に諦めていいのかと疑問が浮かんだ。四名しかいないのであれば、部員を増やす努力をすればいい。自分が動けばいいと気づいた。

A

入部届けを出した私は、部員勧誘のビラを作り、練習場所の確保のために動き始めた。最初はうまくいかなかった。弱小チームに入りたいと思う学生はおらず、練習試合のたびに人を集めなければな

アドバイス

GOOD 試験官の目を引く「ツカミ」を先頭部分に置くのはよい。結びと内容を呼応させると、なおインパクトの強い文章になる。

A 経験の説明が長過ぎ、文全体のバランスが悪くなっている。書く前に一番言いたいことを絞って、字数配分を考えながら書いていこう。

らなかった。しかし徐々に苦労しなくても、人数を集められるようになった。次に予選一回戦突破の目標を掲げた。部員たちは無理だと言った。しかしただ練習するだけでは、せっかく集まってきた人たちも、またすぐに来なくなってしまう。それではもとに戻ってしまう。はっきりとした目標があれば、達成するためにみんなでがんばることができる。それが練習への参加につながると考えた。
二年生のとき、私たちは夢であった一回戦突破を果たした。その試合で私はホームランを打ち、仲間たちから手荒い祝福をホームベース上で受けた。最高の瞬間だった。
この経験は私に自信を与えてくれた。そして努力すれば必ず報われることも知った。社会人になってからもこのことを忘れずに、常に努力していきたい。

B

企業はココを見る

- やる気、前向きな面はあるか
- 自分を冷静かつ的確に見られるか
- 人間として魅力があるか

合否の分かれ目

○ 書き出しに工夫が見られ、インパクトがある。

+α 経験談とそこから導かれる結論部分の文章量のバランスを考えよう。

+α あれもこれもできると大きく見せ過ぎないよう、謙虚さも忘れずに。

B
一番訴えたい自己PR部分が短過ぎる。せっかくのエピソードもこれではもったいない。エピソードから社会人としての決意へと内容を導こう。会社にはいってからどのように経験を活かしたいかを具体的に書くとよい。

書くためのポイント

- 企業の特性を盛り込む
- スムーズに志望につながる経験を選ぶ

4 段落構成

GOOD

「幸せ」の開発者になりたい

高齢者が楽しく過ごせるような器具の開発者になりたい。介護器具は身体の不自由さをカバーする。しかし今、肉体的な補助だけが求められているのだろうか。私は補助器具を使うことで幸せになる高齢者を増やしたい。

祖父はいつも私をかわいがってくれた。大きな声で笑う祖父が大好きだった。二年前、祖父が病気で倒れ、左半身を動かせなくなった。祖父は途端に生きる力をなくしてしまったように見えた。祖母と母は、介護用品メーカーのパンフレットを取り寄せ、ケアマネジャーさんに相談した。いくつかサンプルを送ってもらい、祖父に相談した。しかし祖父は興味を示さず、一日中ベッドから離れなくなってしまった。ある日、嫌がる祖父を車椅子に乗せ、私は散歩に出かけた。久し振りにゆっくり話してみると、シャツが気に入らないことがわかった。それは着替えさせやすいからと選んだものだった。祖父は若いころから、お洒落だった。少し身体がいうことをきかな

アドバイス

GOOD

冒頭に「〜の○○」になりたいと示しており、意図がわかりやすい。そして、次に問題を提起して、その問題に対する自分の考えがすぐに述べられている。この形は、作文・小論文の基本型。たくさんのテーマを設定して、書き慣れることが上達のポイントだ。

くなったとしても、好きな色の格好いいシャツを着たかったのだ。私は祖母に相談し、祖父のシャツのサイドにマジックテープを付けてもらった。祖父は一人で着替えられることで自信を取り戻し、今では毎日車椅子で散歩している。

つい介護する側からものを見てしまう。それでは高齢者たちは便利にはなっても幸せにはなれない。私は高齢者が心から喜んでくれる器具の開発に携わりたい。それには高齢者からの目線が重要になる。また高齢者の不満に耳を傾け、それを商品化するための勉強も必要になる。

貴社が介護用品メーカーとして新商品の開発に力を入れていると知り、興味を覚えた。肉体の構造やメンタルなど、多種の勉強が必要な仕事だと思う。まずは与えられた仕事を正確に行い、開発者たちを支える一員になりたい。

NG

A　B

企業はココを見る

- 企業研究をしているか
- 将来設計が描けているか
- 仲間として受け入れられる人柄か

●テーマ1・自分のこと「志望動機」

A 自分が努力していることを具体的に示したい。そのためにすでに始めている勉強や学科名などが書けると説得力を増す。

NG 「思う」や「考える」の言葉は多用しないように。とくに結論部分では強い決意表明をする。

B 希望する職種でなくてもがんばることを入れておこう。

合否の分かれ目

○ 具体的でだれでも納得できる理由を示せたのは成功。

+α 強い意志を示すためには、現在勉強中であることを盛り込んだり、個性豊かな熱意を表現する。

+α 柔軟性のある人間であることも伝えるようにしよう。

テーマ1 自分のこと

私の性格

書くためのポイント

- 社会人としてふさわしい性格をチョイス
- 好感をもたれるエピソードにする
- 客観的事実を盛り込む

⑤段落構成

置かれた状況のなかで前を向く

私は自分が思っていたよりも前向きな性格であることがわかった。描いていた大学生活と実際のものがかなり異なってしまった私の大学生活。勉強とサークル活動、アルバイトもして両親の経済的な負担を少しでも手助けできればと考えていた。しかし、新型コロナウイルス感染症の拡大によって、サークル活動もアルバイトもほぼできず、授業はオンラインと対面の併用。最初は置かれている状況に戸惑い、絶望的な気持ちにもなった。

悲観的に考えて過ごす時間も、今できることは何かと工夫を凝らす時間も、同じ大学生活の時間である。時間を無駄にしないためにも前を向いてやっていこうと思うことが少しずつできるようになった。ダンスサークルの活動はみんなで話し合い、実際に集まって練習できないときはオンラインのライブで基礎レッスンをした。ミーティングも時間の都合がつく夜遅くでもオンラインミーティングなら実施できた。また、自宅でできるアルバイトを探して、通信教育

A

アドバイス

A 学生生活が前向きに書かれている。コロナ禍でも前を向いてやっていこうと思った具体的なできごとがあり、示すことができれば、よりわかりやすく読み手に入っていく。

の添削補助の仕事をしてみた。少しだけ物の見方を変えれば、たくさんの方法が見つかることがわかった。
失敗した事をくよくよ考えて引きずってしまい、一歩前に踏み出すことに躊躇する性格であると、自分では分析していた。周りの友人を見て、友人の良いところ、尊敬できるところに近づきたいと思ったのがきっかけで、積極性を持つことができた。落ち込んだり、弱気になったりすることもあるが、そこから立ち上がり、頑張る自信がついた。
仕事に就けば、業界や世の中の状況がどんなに変化しても対応し、柔軟な心構えで行動しなければいけない。仕事をする仲間と協力して前を向いて進んで行く力をもっとつけたい。変化を見通すことが難しい時代だからこそ、一人ひとりの小さな努力の積み重ねが大切だ。今、実際にできることは何かと探している。自分のスキルアップと前向きな姿勢を持ち続けて、社会の一員として役に立てる人間になりたい。

GOOD
友人に恵まれて気づきがあったことが示されている。周りの人とコミュニケーションが取れていることがわかる。

B
学生時代に経験した想定外の現実により、社会人としての一歩もより深いものとなった。今できることを探して、一つでも見つけたことを具体的に書こう。

企業はココを見る
●ポジティブな人間か
●「自分」を把握しているか
●コミュニケーション能力はあるか

合否の分かれ目
○ 自分の性格をきちんと把握していることがわかる。
+α 文章の書き出しは重要。興味を引きつける方法を工夫。
+α 具体的なエピソードから結論への流れに不具合はないか、もう一度確認をする。

●テーマ1・自分のこと「私の性格」

私の夢

書くためのポイント

- 非現実的でなく、入社後にかなえられる夢にする
- 前向きなものを書く

食事から健康を考える

朝食を食べて来ない生徒がクラスに何人かいるという話を小学校の教員をしている姉から聞いたときは驚いた。家族と一緒に食事をせず、一人で食べる孤食も問題化している。

私の家は三世代同居で、母は祖父のために塩分ひかえめで、細かく柔らかくした料理を心掛けている。成長期の私たちのためには、たんぱく質である肉や魚と野菜のバランスを考えて調理してくれていた。私は食べることが大好きである。各地の名物料理、日本の年中行事における食文化に興味をもっている。取り寄せることができるものは送ってもらい、旅先では人気のあるお店に必ず立ち寄った。

二年前に地域のサッカーチームのマネージャーをやり始めたことから、食と健康に関して今まで以上に関心が高くなった。試合のスケジュール管理や練習での補助など仕事は多岐にわたる。そのときに興味をもったのが、選手の身体と食事の関わりであった。

チームに、優れたボールテクニックをもち、試合中の周りを見る

A　B

アドバイス

A　書き出しで問題を提示する。結論部分と呼応しているかが大切である。

B　本人や家族の食に対する向き合い方が表現されている。第三段落へスムーズにつながるようにしよう。

企業はココを見る

●目標設定ができているか
●企業研究をしているか
●向上心をもって行動できているか

●テーマ1・自分のこと「私の夢」

目や判断力の際立つ選手がいた。しかし、試合の後半になると体力が落ち、ミスや怪我をすることが多かった。その選手は、朝食を食べない日があり、偏食だということもわかった。そこでマネージャー三人で、食品成分表の一部を分かりやすく書き、三食の食事メニューを作り、彼には食事改善に努めてもらった。徐々に持久力も付き、怪我をすることも少なくなった。

怪我の防止、疲労回復、競技に適した身体づくり、ベストな状態で試合に臨むなど、スポーツと食の関連を勉強していきたい。大学では栄養士の資格を取得できる課程で勉強をしている。栄養士からひとつ上の管理栄養士資格にもチャレンジしたい。スポーツフードアドバイザーという民間資格もあり、この勉強も興味深い。

小さなときからの食育の重要さも言われている。食事の大切さが生涯の身体づくりにいかに関わっているかをたくさんの人に知ってもらう仕事に就くことが私の夢である。「食」というものから人を支えることができたらこんなにうれしいことはない。

GOOD
実際におこなったことが具体的に書かれている。できれば、食事指導を受けた選手の反応にも触れたい。

C
スポーツと食の関わりから、食事と生涯にわたる身体づくりへと話がうまく展開できているかを再確認する。

合否の分かれ目

○ マネージャーとしての具体的な努力の内容が書かれている。

+α 結論部分に具体的なしっかりとした決意表明を表す。

+α 夢は実現可能な、適度な大きさの夢を書く。

書くための**ポイント**

- 話題は一つに絞る
- 志望の職種とつながるネタを探す
- 三十代、四十代が理解できる内容にする

GOOD ④段落構成

ボランティア活動を通しての学び

大学生活のなかで学業のほかに一番印象深く、時間を費やしたのは、NPO法人の主催する学習支援のスタッフとして活動したことだ。きっかけは、アルバイトを探す目的でネット検索をしていたとき、家庭の事情等で学校や塾に通うことができない小学生の学習支援をするスタッフ募集の情報を見て、関わってみたいと思ったことからだ。

ボランティアとしてのこういった話は聞いたことはあったが、申し込み方法や活動の場所がどこにあるのかなど、わからないことばかりだった。有償なら参加してもいいが、無償ならやらないという友人もいた。オンラインでの説明会もあるというので参加してみた。子どもの居場所を提供し、勉強する意欲を取り戻す活動に興味を覚えた。若干だが指導料ももらえるということだった。自宅から電車で数駅ということもあり、支援活動をしてみることにした。

さまざまな生活環境の小学生が通って来た。学校の授業について……

アドバイス

GOOD 学生時代に力を入れていたことがらが最初に的確に述べられている。書き出しのわかりやすさやインパクトは大切である。

「学生時代に力を入れたこと」は、面接やエントリーシートでも多く聞かれるテーマ。意欲や物事に対する取り組み方を表現しよう。

いけなかった子どもが、学習支援を受けることにより、学校の授業が理解できるようになり、毎日登校できるようになった。学習支援の教室には来るが、何もしない子どももいる。それでもここが居場所になればいい。私も初めはぎこちなかった教え方が少しずつ上達した。一人ひとりに合わせて、解答を待ったり、もっと深く教えたりと工夫できるようになった。

子どもたちの生活環境は、私が小学生だった頃と随分と変わっている。家庭生活のなかでコミュニケーションが少ないのだ。一人で過ごす時間が長い子どもも多くいる。長い人生の中で、人と接して学ぶことがたくさんあり、また、人を助けてあげることもできることを知ってほしいと感じた。これは生涯にわたって大切なことである。私も自分のこととして受け止めたい。仕事に就いても同じである。社会人として、多くの人と関わりながら仕事をするために、たくさんのスキルを身に付ける必要がある。最も重要なスキルの一つがコミュニケーション力であると確信できた経験であった。

A

支援教室での具体例を紙幅が許せばもっと書き込みたい。自分の成長にもしっかり触れよう。

B

子どもたちの支援を通して、社会人の自分にも多くの共通項があると気づいたのはよい。コミュニケーション力と自分についての具体的なできごとがほしい。

●テーマ1・自分のこと「学生生活」

企業はココを見る

- ●充実した学生生活を過ごしたか
- ●人間として魅力があるか
- ●まわりに対する協調性はあるか

合否の分かれ目

- ○ 学生時代に力を入れたことがしっかり表現されている。
- +α 具体的で身近なことがらから話を展開させる。
- +α 盛り込みたいことはいくつかあっても、メインテーマは1つに絞る。

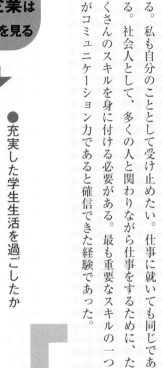

テーマ1 自分のこと

私の友人

書くためのポイント

- 友人からいい影響を受けた経験を書く
- 魅力のある友人を選ぶ
- 交流期間が長い人をみつける

5 段落構成

GOOD

人との付き合い方を教えてくれた友人

「凄い。最高だね」私は友人の山田君にそう告げた。山田君が撮った写真を見たとき、心から私は言った。写真が感動させてくれるものだとはじめて知った。

入学してすぐのオリエンテーションでたまたま隣の席に座ったのが山田君だった。すぐに親しくなり、お互いのアパートを行ったり来たりするようになった。山田君の部屋にはカメラがたくさんあった。趣味で写真を撮っていたのだ。ある時、撮影旅行に行くというのでついて行った。栃木県のY町は、東京から四時間の距離にあった。田園風景がどこまでも続く自然に恵まれた場所だった。私たちは一軒の民家に泊まらせてもらった。旅館や民宿はなかったのだ。翌日は朝五時に起きて、畑仕事を手伝った。私はすぐに腰が痛くなり音を上げそうになった。山田君は黙々と仕事をして、夜は地元の人たちと酒を飲んだ。穏やかに時間が過ぎた。翌日の夕方、私たちは東京へ戻った。山田君は一度もカメラに触れなかった。私が尋ね

アドバイス

GOOD

冒頭部分に工夫が感じられる。あとの部分ともきっちり呼応している。

冒頭で印象深いイメージを与える書き方はむずかしいが、使いこなせればかなりのインパクトになる。

NG

作文・小論文にふさわしい表現で書こう。「よく理解できなかった」「言っていることが飲み込めなかった」などの文章を使うといい。

ると、もっと心を開いてくれるまではシャッターは押さないと答えた。私はピンとこなかった。
一年ほど経ったころ、山田君も出品した写真展を見に行った。Y町の人たちの笑顔があった。ちょっと照れてるおばあちゃん、隙間だらけの歯を見せて笑う子ども、並んで弁当を食べる夫婦。だれもが山田君に向けたであろう笑顔のままで写真に映し出されている。私は感動して、何度も山田君の肩を叩いた。技術的なことはわからないが、この写真は山田君しか撮れないものだ。畑仕事を手伝い、心を通わせることで、見せてくれた表情なのだから。
彼に刺激され、私はすっかり忘れていた絵を再び描き始めた。今では彼の旅行に同行し、一緒に畑仕事をし、絵を描く。そこでの人と人とのつながりは、たいへん濃い。手が足りなければ助け合う。間違えば、年配者が叱ってくれる。人は支え合って生きているということを、山田君とY町の人たちが教えてくれた。

A

NG だれもがわかりやすい表現方法を使おう。感動したことを示したいなら「手を強く握った」「しばらく言葉が出なかった」などの表現が適当。

A まとめ部分では、学んだことを、今後の社会人としての生活にどう役立てていきたいかまでを述べよう。

企業はココを見る

●テーマ1・自分のこと「私の友人」
●どんな人柄か
●人にどんな影響を与え、与えられる人物か
●どんな学生生活を送ってきたか

合否の分かれ目

○ エピソードはとても印象に残るものだ。そこから自分が思ったことをもう少し多く書けたら、なおよかった。

+α 自分の経験から広い視野に立った意見（結論）へとつながるように工夫をしよう。

テーマ1 自分のこと

「私の一番大切なもの」

③段落構成

GOOD

がんばり屋の弟

一番大切なものは「家族」である。さらに言うなら「弟」だ。三歳違いの弟は、八歳のときに1型糖尿病を発症し、現在も食事制限をしている。食事前には血糖値を計測し、インスリン注射を打たなければならない。たいへんな病気をずっと抱えている弟は、だれよりも努力家だ。サッカーが大好きで、小学生のころから私と同じ地元チームでプレーをしていた。注射器を持ち歩く弟は級友やチームメイトからからかわれたり、いじめられたこともあった。しかし弟は負けなかった。人一倍練習し、実力でレギュラーの座を手に入れた。私はそんな弟を誇りに思っている。

弟がいてくれたお陰で、私は努力すれば必ず成功すると知った。また強い信念があれば、乗り越えられないものはないことも教わった。街には誘惑が溢れている。至る所に食べ物が並び、おいしそうな匂いで誘う。しかし弟は友人たちと一緒に喫茶店やレストランに入っても一人だけ食べられないこともある。そんなときは強靭な意

A

書くためのポイント

- マニアックなものは選ばない
- 理解されやすい題材を選ぶ
- ポジティブな話にする

アドバイス

GOOD 結論を一言で最初に述べたのはわかりやすい。

A 弟のお陰で、自分がどのように変わったのか、具体的に例をまじえて書こう。

NG 作文・小論文での英語、カタカナ語の使い方は慎重にする。「くぐり抜けてきた」などの表現を使おう。

NG

志が必要だ。弟は見事にそんな試練の場をクリアしてきた。そんな弟を間近に見ていると、自分の弱さに気づかされる。恵まれている自分はもっと努力しなければもったいないと思えるようになった。

社会人になれば、責任も大きくなる。困難な場面に出会うことも増えるだろう。しかしどんなときでも、努力を忘れてはいけない。私は弟から教わった、一生懸命に取り組む姿勢をもち続けていきたい。

B

B もし、与えられた文字数が八百字くらいならば、この分量では短過ぎる。「弟」を見つめる両親の話、自分が弟のためにとった行動などのエピソードを加えて、長くしてみよう。文字数制限がある場合は、九割以上を目標に書く。

企業はココを見る

●どんな価値観をもっているか
●どんなところに魅力のある人物か
●話の筋道ができているか

合否の分かれ目

○ まず最初に結論を簡潔にもってきたのは、インパクトがある。

× 弟の話だけに終始しないよう。自分自身の個性をアピールすることも忘れずに。

+α 全体の文章量をつねに意識しながら書くようにする。

テーマ
1

自分のこと

「私の好きな本」

書くための
ポイント

●自分の意見を入れる
●ミステリーやSFは避ける
●恋愛物、コミックは選ばない

アドバイス

④段落構成

知識を捨てることから「創造へ」

外山滋比古の『思考の整理学』が好きな本のひとつだ。このなかには何年経っても変わらぬ、思考の整理方法が書かれている。人間は、勉強をし、習得した知識を貯めこむだけではいけない。必要のないものは、処分することが大切である。整理して捨てること。これをすることにより、自分にとって重要なものが残り、自分の価値観というものも認識されるという。

毎月購入している月刊誌を書店で買うときに、出版社別の文庫本の棚でこの本をみつけた。カバーにある「不滅のロングセラー」、「東大・京大で一番読まれた本」などの言葉に惹かれて手に取った。一テーマの分量も多くはなく、空いた時間に読むのにちょうどよいと思った。そんな思いつきで手に取った本が私の指南書となった。A

書かれた時代は、現在のように情報がネットでつながる以前だが、今の時代を見据えている。機械は記憶と再生においては、人間の頭脳をはるかに上回る。では、人間の頭脳がすぐれていることは何か。

A 本を手に取った情景描写が具体的に書かれていて、親近感が伝わってくる。ここで、読む前に感じたことと、読んだ後に思ったことを対比させる手もある。

GOOD 自分の経験に触れたことで、「いままでの教育システム」がわかりやすくなった。

それは「創造」することであるという。今までの教育システムはすぐれたコンピュータ人間をつくってきた。いかに多く記憶できたかで優劣が決められた。学生時代にしていた塾講師のアルバイトでも、いかに効率よく知識を蓄えるかのテクニックを教えていた。しかし、これからの時代は創造性が求められる。貯めこんだ知識だけでは仕事に対応できない。営業、技術、教育、芸術などすべての分野で、整理された知識のうえに成り立つ、生活に根付いた創造性が必要になる。自分の価値観を磨きあげることこそが、「創造」につながるのだと思う。

与えられた業務のなかで、いかに自分の創造性を加えながら仕事を進めていくかが重要だ。しかし、仕事の基本的知識が身についてはじめて自分なりの発想になるのだから、しっかりと仕事の基本を勉強することが最初の目標となる。一つひとつの目標を乗り越える準備はできている。最初の山は社会人としてスタートを切ることだ。

GOOD

NG

B

NG
価値観を磨くことがなぜ創造性につながるかが具体的でなく、わかりにくい。価値観を磨くことで自分の何が変わるのかを考えてみよう。

B
最終段落での決意表明はよく表現できている。目標を乗り越えるためにどのような準備ができているか、ひとつでも書かれていればよりわかりやすかった。

企業はココを見る

- どんな価値観をもっているか
- 自分の考えを論理的に展開できているか
- 思考に極端な片寄りはないか

テーマ1・自分のこと「私の好きな本」

合否の分かれ目

○ 1冊の本から「働く」ということにまで話を広げられている。

+α あらすじの説明になりがちなテーマ。本から得たことなどにまで言及しよう。

+α 犯罪小説などは選ばないほうがいい。

テーマ1 自分のこと

「忘れられないできごと」

④段落構成

救ってくれた先生

先生の温かな眼差しを、私は決して忘れない。

高校一年のときだった。友人と軽い口喧嘩をした。好きなアイドルが出した新曲についての他愛ないものだった。しかし翌日から、クラスの友人たちのいじめが始まった。私はどうしていいかわからず、途方にくれた。なんとかがんばって通学したが、一ヵ月後には、朝目覚めると頭痛と吐き気に襲われ、午後になると治る毎日を繰り返すようになった。学校へ行きたい気持ちと、行きたくない気持ちが交互に生まれた。担任の先生が心配して、毎日自宅に来てくれた。先生は決して学校へ来いとは言わなかった。私の部屋で、先生はその日にあったことを話してくれるだけだった。だれかが弁当を落としてしまったことや、鉄棒に向かって吠える犬が現れたことなどを話した。私の気持ちは少しずつほぐれていった。三ヵ月後、私はもとの生活に戻ることができた。久し振りに学校に行った日、先生は教室の前で待っていてくれ、温かな眼差しでただ「おはよう」とだ

A

書くためのポイント

- 学んだことがはっきりとわかるものを選ぶ
- 話題は一つに絞る
- 志望職種とつながりのあるものを選ぶ

アドバイス

A
自分のマイナス部分はなるべく少なめに、プラスに転換してからを多く語ろう。または、いかにマイナス要素を自分自身で、プラス要素に変えていったかを書いてもよい。

B
どんな活動をしたのか、具体的に書こう。説得力がぐっとアップする。

け言って、笑いかけてくれた。

私は先生によって救われた。しかし運悪く、学校へ復帰できない生徒たちは大勢いる。そんな彼らに何かしてあげられないだろうかと考えた。大学生になった私はNPOに参加し、不登校の子どもたちを支える活動を始めた。実体験のある私だからこそできる助けがあると信じたからだ。

B

子どもたちの環境は今、危険地帯のなかにある。悪への入口は無数に大きく開かれている。彼らを救うには、両親や先生だけでは足りない。教育環境の整備も必要だ。また、挫折しても、何度でもやり直せるチャンスをあげることも重要だろう。こういったことを担うには私には勉強がまだまだ足りない。しかし人の痛みや弱さを知っている自分にしかできないこともあると信じている。国全体から子どもたちを見つめる教育行政のなかで微力を尽くしたい。それが先生への恩返しだと思っている。

C

C

「国全体から子どもたちを見つめる教育行政のなかで―」と、公務員試験用にまとめてある。企業の場合は志望職種とスムーズにつながるように述べる。むずかしければ、人間として成長したことをアピールするだけでもよい。

企業はココを見る

- 物事を前向きにとらえられるか
- どんな価値観をもっているか
- 目的意識がしっかりしているか

合否の分かれ目

○ 印象的な書き出しは読み手にインパクトを与える。

× マイナス要素の文章量を多くしない。プラス要素との分量のバランスを考えよう。

+α 結論部分では、なるべく自分の「仕事」や「将来」につながる内容でまとめる。

テーマ 2

仕事（就職）のこと

「仕事（就職）のこと」はこう書く

●広い視野で情報をキャッチする。
●自分の将来像を描いてみる。

身近にいる社会人を見つめる

自分の近くに尊敬できる社会人はいるだろうか。家族であったり、先輩であるかもしれない。まずはその人たちから話を聞いてみよう。現在の仕事の様子、新入社員だったときに思ったことなどを可能なかぎり具体的に話してもらう。「仕事」ということを考えるきっかけになる。

また、アルバイトの経験があれば、それが「働く」ということ、「就職」ということを考える糸口になるかもしれない。自分にとってイメージしやすい入り口を探そう。

自分と企業の接点を意識して将来像を描く

採用試験では、魅力的な人材となりうる人物を探すという企業の目的と、最大限に自分の「売り」をアピールするという受験者の目的との接点がさぐられる。

自分がいかに仕事について研究したか、いかに自分と向き合えているかが問われる。これらができて、初めて自分の将来像が描けるようになる。抽象的なことではなく、目の前にある小さなことから少しずつ考えを積み上げていこう。そこから将来の目的が少しずつ見えてくる。

「仕事（就職）のこと」のテーマ

❶この業界を選んだ理由
❷社会人としての決意
❸仕事と女性
❹企業に求めること
❺仕事と人生について
❻私の就職活動

「やりたいことは何か」から発想してみる

自分のやりたいことは何か、どんな社会人になりたいか、どんな将来設計を描いているか。このように疑問をもつことから発想してみる。

専攻、アルバイト、資格等で仕事に有利に働きそうなものはあるだろうか。志望業界が欲しい人材とはどんな人物かを考える。**疑問出しと答えをみつける作業を重ねることによって、自分自身が見えてくる。**

業界研究、自己分析を行い書く材料をしっかり準備

新聞やテレビ、ネット検索等から業界全体の勉強をしておく。また、入社後、どんな職種につきたいか職種研究をすることも忘れずに。

業界研究と同時に自分の研究もする。自分の性格を書き出し、次に社会人に必要な要素を挙げ、つなげられる線があるか検討する。また、苦手なことを克服した経験を文章にして、成功体験を思い出す。五年後、十年後の自分の姿を想像し、どんな社会人になっていたいかを文章にまとめてみるのもいい。

準備の手順としては、このように書き出してみることである。書くことによって考えが整理される。一歩進んで、企業が自分に求めることを予測して書き出してみる。自分の長所が活かせるのはどんな企業なのかまで考えを進められれば、より深く考えられたことになる。

思考を柔軟にして、現在の自分から将来の自分へとつながる道をつくりあげていこう。

合格への近道

① hop

身近にいる社会人を見つめる。自分の将来設計を描く。

↓

② step

業界研究、職種研究をする。自分探しの作業を書き出す。

↓

③ jump

書き出し作業によって明確になった「自分」を将来へとつなげる。

↓

合格

体験を文章に

テーマ 2
仕事(就職)のこと
「この業界を選んだ理由」

書くためのポイント

●専攻やアルバイト、資格などを書くことでアピール
●業界全体の知識を加える
●今後予想される業界動向などもチェック

輝く人をつくる手伝いをしたい

小さなころから洋服が大好きで、母と駅ビルのファッション街や電車に乗って大きな町の百貨店へよく出かけた。季節ごとの流行や、小物にいたるまでのさまざまな商品を一日かけて見て回り、「今日の私のスタイル」と称して、空想のなかで頭の先から足元までをコーディネートしていた。もちろん、実際に買うのは一点、もしくはなにも買わないこともあったが、あのワクワクする感じはいまでも覚えている。

大学生になったとき、友人が落ち込んでしまったことがあった。気分転換にと思い、ショッピングに誘った。寒い時期だったが、春物のペパーミントグリーンのカーディガンがお店の入り口に飾られていた。友人が気に入ったようだったので、鏡の前で合わせてみることを勧めた。ちょっとおっくうそうにしていたが、鏡の前に立つと、とても似合い、顔の表情もぱっと明るくなった。友人はそれを購入し、「これを着て、また頑張ってみる」と別れ際に言った。

A

アドバイス

A 友人とのできごとを述べたのは説得力がある。「ペパーミントグリーンのカーディガン」というような視覚的表現は、わかりやすく、目の前にイメージが浮かんでくる。情景などをじょうずに表現できると、具体的になり、インパクトが増す。

NG

洋服は人を元気にし、輝かせることもできる。アパレル業界で、洋服に携わる仕事をしたい。デザイナーやパタンナーをはじめ、職種は多岐にわたる。私はまだ何もできないと思うが、営業面や生産面で洋服作りを支える一員になりたい。

近年は、安価な商品が増え、また、景気の変動もあって、業界の状況は不透明である。将来を考えるときに、決して明るいものばかりではないが、環境にやさしい素材の開発やインターネットを使った販売など、創意工夫がビジネスチャンスにつながっている。

B

さまざまな技術開発と販売ツール、国際感覚をやしなうことが、これからの時代を生き抜く力になると思う。きびしいときこそ、そこにチャンスが潜んでいると、ゼミの恩師に言われた。ピンチをチャンスに変える現場に私も参加して、みんなでひとつのものを作り上げたい。TOEICの勉強や英会話スクールなどで語学力をやしない、国内外のショップを見て、少しずつ勉強を重ねている。

GOOD

企業はココを見る

- 業界の知識はあるか
- 本気で就職を希望しているか
- 将来像がはっきり描けているか

NG 企業側も応募者が即戦力となるとは考えていないので、ことさらマイナスイメージの表現は使う必要はない。

B 業界の現在と将来に対する研究をしっかりとしていることがうかがわれる。

GOOD 実際にどのような勉強をしているかがわかる。英語検定のことや勉強時間のことなど、もう少し詳しく述べられていたら、なおよかった。

合否の分かれ目

○ 小さい頃からの憧れと職場を結びつけたのはよい印象を与える。

○ 視覚や触覚に訴える表現方法は読み手にわかりやすく、インパクトがある。

+α 業界全体の動きや企業のビジネス傾向についても示す。

テーマ 2

仕事（就職）のこと

「社会人としての決意」

書くためのポイント

●入社した場合を想定して書く
●エピソードは志望職種と結びつきやすいものを選ぶ
●実現可能な目標にする

3 段落構成

GOOD

尊敬できる人物と出会って

ライフスタイルに合わせた住空間を提案するプランナーになりたい。 A

五年前に自宅のリフォームをすることになった。姉が結婚し、家を出たのを機に築三十年の自宅改築をすることになった。最初はとても楽しい作業だった。光をもっと取り入れたい、部屋を広く見せたいと夢は膨らんだ。しかし工務店の担当者と話をしていくうちに、どんどん夢はしぼんでいった。やがて家族での話し合いさえ苦痛になっていった。予算、広さ、環境といったどうにもならない問題があった。もう実現できないんじゃないかとさえ思えてきた。そのとき、親身になって相談にのってくれたのが、同じ工務店の鈴木さんだった。わがままな我々の願いをなんとか実現しようと、骨を折ってくれた。いいアイデアが浮かんだといって、猛スピードで自転車でやってきたこともあった。また家族の一員のように、キッチンのテーブルで案を練ったこともあった。なんとか低予算で希望をかな

アドバイス

A 決意や抱負をテーマに書く場合の冒頭では、具体的に「○○な△△になりたい」と表現する。結論部分にある「顧客から信頼を勝ち得る住空間のトータルプランナーになりたい」と関連づけることを考えて、書くといい。

GOOD 信頼できる人の様子が、具体的に表現されている。目に見えるような描写は、読み手に強い印象を与える。

えようと苦心している姿は頼もしかった。私たちは全面的に鈴木さんを信頼していた。
鈴木さんと打ち合わせを重ねるうちに、個人的なことを知っていった。仕事への情熱ややりがいを熱く語る鈴木さんは、格好良かった。「会社員だから、会社に利益を生み出さなければならない。でもそれが第一じゃない。お客さんが良かったと思ってくれれば、結局は会社のためになる。知り合いを紹介してくれるかもしれないし、いい評判を流してくれるかもしれない。誠心誠意で接すれば結果はついてくる」と語った。彼のようになりたい。心から思った。企業の利益だけを優先させては顧客から背を向けられてしまう。今は必要な情報をすべて開示したり、真摯な態度で顧客と向き合うことが求められている。社会人になったら、真剣に一つひとつの仕事を遂行していきたい。そして鈴木さんのように魅力的で、顧客から信頼を勝ち得る住空間のトータルプランナーになりたい。そのために先輩の話を聞いたり、本を読んで、自分磨きに努めたい。

NG

ここで段落変えをしたほうが読みやすい。一段落で一つの内容にすれば、スムーズに次の話題へと頭を転換できる。適切な改行を心がけよう。

NG

書き出す前の構成の立て方がきちんとしていることが、重要になってくる。

企業はココを見る

●テーマ2・仕事（就職）のこと「社会人としての決意」

●社会人として働く意欲はあるか
●自身の目標とする将来像がしっかり描けているか
●どんな価値観をもっているか

合否の分かれ目

○ 具体的な決意が書かれているのは非常にわかりやすい。

× 段落変えなど、文章の書き方の基本が守られていないところがある。復習を怠らないようにしよう。

テーマ 2

仕事（就職）のこと

「仕事と女性」

書くためのポイント

●企業側が用意している福利厚生を調べておく
●女性を雇ったときの利点を挙げる

4 段落構成

求められている女性たちのアイデア

ビジネス戦略上、女性客の動向を見極める重要性はすでに認められている。今後も女性客をどれだけ確保できるかが勝敗を決めると思われる。

女性客の購買行動を理解することで、商売の成否がわかれる。これはマーケティング分析などのデータだけではわからない、感覚的なものも加味しなくてはならない。こういったときに女性社員の参画が必要になる。しかし女性の場合、結婚、出産、介護などの事情で職を離れざるを得ない可能性が男性より高くなる。女性のアイデアが欲しい企業があり、働き続けたい女性がいる。この二つに折り合いのつく点があるだろうか。私は相互の工夫で解消できると考えている。

鉄道業界のリーディングカンパニーの御社では不動産業のほか、駅ビル内のテナント開発に力を入れていると聞いた。駅は電車の発着だけではなく、地域のコミュニケーションの場、生活の質の向上

アドバイス

GOOD 疑問を提示して、そのすぐあとに自分の意見を述べているのはわかりやすい。問題提起とそれに対する自身の意見は近くに置くと流れがスムーズ。

NG 書き言葉では「貴社」とする。「御社」は話し言葉。

NG 具体的に事業計画予定名称を記し、企業研究しているところをアピールしたい。

●テーマ2・仕事（就職）のこと「仕事と女性」

企業はココを見る

- ●現状をしっかりと把握しているか
- ●働くことに対して前向きな意欲があるか
- ●どんな価値観をもっているか

を支える場としての存在価値が求められている。こういった開発を行う際、さまざまな年齢、環境の女性の意見が必要だ。独り暮らしの女性にとっては、朝焼き立てのパンを買いたいと思うだろうし、結婚して働いている二十代の女性は惣菜店があれば便利だと感じるだろう。子どものいる主婦なら時間制の託児所が欲しいと思うかもしれない。ビジネスにこういったアイデアを入れるためには、多様な年代の女性がプロジェクトに参加しているほうが有利だ。年齢によって働ける時間が違う女性たちに、それぞれ合うオーダーメイドの出勤システムが組めたら、双方の利害が一致する。通信の発展により、問題の一部は解決しつつある。

女性の顧客を獲得したい企業にとって、女性社員の確保は大切だ。それには私たち女性のがんばりはもちろん、多種のバックアップ体制を用意することで解決への一歩が踏み出せる。女性たちの身近な生活のなかから生まれたアイデアがこれからいっそう企業に利益を生み出していくだろう。

NG 具体的に書こう。どんな問題が解決したのかを記すと、わかりやすくなる。

A 全体的に企業側の負担に関わることが書かれているので、結論部分では働く側の前向きな姿勢を強く出したい。読むのは企業側の人だということを忘れずに書こう。

合否の分かれ目

- ○ 発想力の豊富さを示せていることは成功。
- × 働く者として前向きなアピールの姿勢が強く見えない。
- +α ひとりよがりの主張にならないように。自分の意見と柔軟性、両方が必要。

「企業に求めること」

書くためのポイント

- 業界全体への要望にする
- 前向きな題材にする
- 実行できそうなものを選ぶ

コミュニケーションを大切にすることが一番

大学の三年間、学習塾の事務スタッフとしてアルバイトをしていた。私の主な仕事は、生徒・保護者向けのプリントの作成、電話応対などである。

ある日、生徒の一人から学校での行事準備に手間取ってしまい、欠席するとの連絡があった。通常はこれを出欠表に記入し、担当の講師に伝える。しかし、この日にかぎって、私は出欠表に入力をし忘れてしまった。講師には口頭で伝えたが、彼も忙しく、そのことを忘れてしまった。出欠表を確認して、全員出席の条件で行うテストが実施された。試験が始まったあとに欠席者がいたことに気がついたのだ。二つのミスが重なったことによる出来事だった。

入力モレは再チェックすれば防げた。また、生徒の人数を確認し直す時間をもつべきであった。連絡事項がみんなの共通認識になっているか、報告がきちんと相手に伝わっているかを確かめることが必要である。

A

アドバイス

A 自分がしたミスに関してすぐに解決策が示されているのはよい。失敗したことを長く述べすぎないようにもしよう。スタッフ間で反省したことなどを具体的に書くと、印象深くなる。

GOOD 一番言いたいことが端的に述べられている。

GOOD　NG

仕事をしていく中で、コミュニケーションの取れる職場であることが最も大切だ。それには人間関係が関わってくる。人の話に耳を傾け、そのうえで自分の意見を述べる。これがいかに難しいことかを日々感じている。周りに従うことも大事だが、他力本願でなく、自分で考えて行動できるようにもなりたい。昔から言われている「ホウレンソウ」、報告・連絡・相談をもう一度思い出してみる。

組織で働くということの基本をあらためて考えてみた。社内での縦や横のつながり、仕事先とのつながり。どれも現在はSNSを利用して、便利に素早く対応できる。しかし、相手の顔を見て、微妙なニュアンスを読み取り、体全体から出る雰囲気を感じて話をすることもとても重要なことだとわかった。SNSというツールを使いながらも、人と対面して話し合うことを忘れてはいけない。本当のコミュニケーション力を組織全体で身に付けることが必要だと考える。そんな職場づくりに成功した組織が今後も勝ち抜いていくと確信している。

B

NG
コミュニケーション力の話と自らの考えで行動する話が結び付いていない。文章の流れを再チェックし、うまくつながらなければこの部分は削除する。

B
本当のコミュニケーション力を身に付けるために具体的に努力していることを提示できれば、よりインパクトが増す結びとなった。

企業はココを見る

- 論理的な展開になっているか
- 社会人としての資質はあるか
- 企業に対して高い意識をもっているか

合否の分かれ目

○ 自分の体験談は説得力がある。

+α 給与額や有給休暇日数などの要求はしない。

+α 自分の意見をきちんと入れるように。読む人がだれであるかを念頭に置く。

テーマ2

仕事(就職)のこと

「仕事と人生について」

書くためのポイント

- 身近な仕事人の生き方を参考にする
- 人生についてよりも仕事部分に字数を多く割く

アドバイス

GOOD 書き出しがわかりやすい。意欲的な気持ちも感じられる。書き出しは読み手に大きな印象を与える。

A 将来の夢を語ることと、AIやロボットが身近な生活にも入ってきたことがうまくつながっている。

5 段落構成

GOOD

開発と活用の場を結んで輝く

私は大学の研究室と企業、地域を結んで、製品の開発と活用に携わる仕事で自分の人生を充実したものにしたい。

私の大学生活では、所属していた研究室で先生や院生、先輩たちと過ごす時間が一番有意義だった。重労働や危険な作業を支援するロボット開発がメインテーマであり、先生や先輩たちの補助業務が私の主な役目だった。この研究室を目指したきっかけは、友人のお兄さんが、企業の開発室で仕事をしていて、機械の誤作動が原因で手に怪我を負い、後遺症が残ってしまったと聞いたことだった。

労働人口の減少もあり、働く現場は厳しい状況にある。危険な作業は命がけでこなし、人手不足による過重労働、疲労による判断ミスも起きる。これらをなくすためにロボット技術の開発が急がれる。企業と学校が知恵を出し合い、地域の働く現場にスムーズに開発したロボットが届けられる仕組みを作っていきたい。研究室の仲間とこのような未来を語った大学近くのカフェも、テーブルのタブレッ

A

ト端末で注文すると、ロボットがコーヒーを持って来てくれる。会計は、出入り口近くの会計機にテーブル番号を入力することで、精算を済ます。身近にも少しずつこんな光景が見えてきた。

医療現場のロボット活用は、新型コロナウイルス感染症治療でも注目され、リハビリや介護のロボットの開発も進んでいる。たくさんの生活の場で、人間に代わって仕事をする新しい手段が注目をあびている。しかし、まだ多くの人に周知されているわけではない。

昨年、友人に誘われて、ロボットコンテストの運営の手伝いをしてみた。高校生や大学生のアイデアあふれる作品に驚いた。興味をもって来場する小学生もたくさんいた。こんな情景を多くの人に知ってもらえたらうれしい。新しいやり方で人々の生活を改善し、社会のさまざまな問題解決の助けになる種がそこにはたくさんあった。開発と活用の場をつなぐコーディネーターとして、私の人生が輝けるように日々努力していきたい。

B

B 開発途上の研究だが、未来を感じる締めくくりになっている。日々努力している裏付けとなる具体的なことがらを書けたらなおよかった。

企業はココを見る

- どんな人生観をもっているか
- 仕事に対してどんな考えか
- どんな価値観をもっているか

合否の分かれ目

○ 自分の体験したことから仕事や夢へと話が展開できている。

+α このようなテーマでは、特定の人物を挙げて、社会人を語るのもひとつの方法。

テーマ 2

仕事（就職）のこと

「私の就職活動」

書くための**ポイント**

- ポジティブな内容にする
- 苦労話はほどほどにする
- 就職活動を通して得たもの、成長した点をアピールする

④ 段落構成

GOOD

楽しい就職活動

驚きからスタートした就職活動。自分の道は意外にもごく近くにあった。

大学の就職ガイダンスで大量の資料をもらったとき、正直たいへんだと思った。まずは自己分析をすることにした。子どものころから大学までのできごとを書き出し、自分の性格、思考がどんな傾向かを考えた。途端に不安になった。まるっきり成長していないように感じたからだ。そこで両親や友人たちに見てもらった。すると思ってもいなかったコメントが返ってきた。マイナスだと思っていた点をプラスに評価してくれていたからだ。部長として映画研究会に所属していたとき、コンクールに出品するため、資金を集めたり、キャストの手配をした。コンクールに出すこと自体が無茶な話だった。しかしどうせやるなら、大きな目標を設定したほうがいいと部員たちを説得した。これを私自身は強引だったと反省していた。しかし友人たちは、私の楽観的な性格が、みんなを引っ張った、感謝

A

アドバイス

GOOD 冒頭の書き方は読み手の興味を引く。どのような書き出しが効果的でインパクトがあるか、よく考えることが重要だ。

A コンクールの話を出したなら、結果がどうなったのかまで書こう。受賞していた場合はその結果を、だめだった場合には、そこから学んだことを述べよう。

NG

していると言ってくれた。これで目が覚めた。
失敗を恐れず進んでいく傾向のある私が役立てる業界はどんなところか。大学の就職課や参考書、ネットで情報を集めた。漠然としていた就職活動がはっきりしてきた。慎重性や秩序を第一と考える業界より、エンターテインメントに関わる仕事に魅力を感じた。このようなことを考えていたある日、電車のなかで一組の親子の会話が耳に入ってきた。「こどものためのミュージカル」と書かれているパンフレットを大事そうに抱えた小学校低学年らしき子。母親と、物語のこと、役者さんの歌声や舞台セットがどんなにすばらしかったかなどを、目を輝かせながら話していた。これだっ！　閃いた。エンターテインメント→人を楽しませる。私がやりたいことがここにあると感じた瞬間だった。

B

映画や演劇を通じて、夢や希望を与え、疲れたり、元気をなくした人を励ましたい。新しい目標がみつかった今、がむしゃらにつき進むことが、楽しくてしかたない。

B
志望企業の作品名など具体的な情報をここの部分に盛り込むのもいい。

NG
作文・小論文内では極力使わないほうがいい表現。「！」や「？」「→」の使用は避けよう。

企業はココを見る

●将来設計ができているか
●自己分析ができているか
●自社への適性はあるか
●企業研究ができているか

合否の分かれ目

○ 書き出しは読み手を引きつける書き方になっている。

✕ 志望業界、企業の具体的なことがらが書かれていない。名前などを1つでも出す。

+α 文章全体が単一なリズムにならないように。起承転結の文章量も考える。

テーマ 3

社会と国際情勢

「社会と国際情勢」はこう書く

●世の中のできごとに敏感でいる。
●社会に対する自分の意見をはっきりともつ。

社会の情報をキャッチする

刻々と変わる世の中の様子は、新聞やテレビ、インターネットのニュースなどで常にチェックしておこう。新聞やスマートフォンは移動時間のちょっとした合間にも活用できる。キーワードとなりそうな記事は、あとで切り取って、カテゴリー別にファイリングしておけば、読み返したときに頭のなかで整理しやすい。

また、国際的なニュースにも興味をもつようにしなければならない。**国際社会のなかでの日本という視点が、企業人として欠かせない要素となる。**

世の中を見据えて自分の考えをまとめる

社会の様子や国際情勢は、状況説明に終始するだけにならないようにしたい。**自分の一番身近にある社会のできごとを拾い、そこで感じたこと、自身がもった意見を述べる。**足元の視点から大きな視点に話をつなげていく。挙げたテーマをいかに自分に引き寄せて語り、それをまたいかに遠くへ広げられるかが問われる。

自分で経験したこと、感じたことから一般的な社会情勢へと話がつながるだろうか。これはテクニックを習得して書き慣れるしかない。

「社会と国際情勢」のテーマ

❶伝統文化
❷人手不足
❸ SDGsと企業
❹地方分権について
❺社会保障
❻地域社会
❼自然を守る
❽グローバル人材
❾価格転嫁
❿生成 AI

社会を見渡し、整理することから発想する

社会問題、時事問題、国際問題には、どんな意見が挙がっているかを考える。そのなかから、とくに興味を引いた内容に関して、できごとの背景や歴史を調べてみると意見の幅が広がる。また、日本から見たときと、他国から見た場合の相違点をきっちり押さえる。そうして、**一つのテーマから肯定意見と反対意見を考えてみる**のも、思考を柔軟にするのに役立つ。

よく出るテーマについては事前に書いてみることも大切

自分にとって一番興味のもてるものは何か。たとえば、スポーツやファッションなど、国によって特徴のあるものを書き出す。そして、そこから何が見えてくるかを考察する。また、身近な国際交流には、どのようなものがあるか考えてみる。こんな勉強の始め方もある。

近年、提示されたテーマを調べ、今年のテーマを予想してみよう。また、頻出のテーマについては、予想時間を設定して、実際に書いてみよう。できばえはどうだろうか。試験官と同年齢の家族や、先生などに文章を見せて評価してもらおう。たくさんのテーマにチャレンジして、視野を広げよう。

どのテーマも自分の経験や身近に感じたこととうまく関連づけて、展開できたか確認する。**おおげさ過ぎる話の展開や、意見のない説明ばかりになっていないかを見直す**。安心して読める文章になっていることが大切である。

合格への近道

1 hop

新聞記事やネットニュースなどで社会問題、国際問題を勉強する。

↓

2 step

自分の経験や感じたことから社会的テーマへと話がつながるかを考える。

↓

3 jump

身近なことから大きな視野に立った話へと展開し、自分の意見を述べる。

↓

合格

テーマ3 社会と国際情勢

伝統文化

書くためのポイント

- 具体的な経験を入れる
- 話の的を絞る
- むずかしい言葉を使わない

5 段落構成

GOOD

日本の伝統文化を知る

ボランティア活動の一環で、高校生対象の文化サークルの指導員補助をした。総合スポーツセンター内の施設で、合気道、囲碁、箏曲、華道、茶道などをしている生徒と触れ合うことができた。普段はスマートフォン片手に会話し、走り回っているような生徒も稽古場に入ってくると一変した。道場では、まず、きちんと正座し、挨拶をする。この挨拶なしには、練習・稽古は始まらないのだそうだ。一呼吸することで、自分の精神も落ち着き、指導者や仲間にも敬意をはらうことができる。

生徒たちと話してわかったことだが、彼らの自宅には畳の部屋がないという者が三分の一いた。畳に縁があることを知らなかった人もいた。これは、今の住宅事情からすれば仕方がないことだとも思う。私たちの生活スタイルが変わり、食事も勉強も、テレビを観るときでさえ椅子に座っていることが多い。しかし、普段の生活スタイルとは別に、畳に座ったときの所作を学ぶことは重要である。そ

アドバイス

GOOD

日本の伝統文化に対する現状が身近なところから語られていてわかりやすい。文字数が許せば、具体例をもうひとつぐらい入れたい。今の若い人たちの様子は意外に知られていないこともある。ここで大きく問題提起しておこう。

れぞれのサークル活動の内容と同じくらい、身に付けてほしいことだと先生たちも言っていた。

世界を見据えて勉強をしようとか、国際感覚を磨くことがこれからの仕事には大切であるという。もちろん、私もそのように努力している。しかし、世界に目を向けるのみではなく、自分の国の伝統文化にも関心をもつようにしたいと思い始めた。

日本の自然や年中行事と深く関わっている「和食」にも興味がわいてきた。「和食」はユネスコ無形文化遺産であり、この食文化も次の世代に伝えていかなくてはいけないものだ。自分の毎日食べている「食」を考え直したい。

A

私の祖父母や両親の時代の生活習慣の話を聞いて、よいものは取り入れ、大事なものを継承していきたい。伝統文化を守ることと、新しいものへ目を向けること、両方が重要なのだ。私も座礼の仕方、年中行事と日本食の関わりについて勉強を始めた。

NG

生徒たちの話を糸口として、「思い始めた」きっかけをもっとしっかりと書き込もう。ここが一番大事なところである。

A

前段落と「和食」の話をもっとスムーズにつなげたい。全体の流れや一段落のボリュームのバランスを考えること。

企業はココを見る

- ●現状を理解しているか
- ●前向きな志向をもっているか
- ●論理的な文章か

合否の分かれ目

○ 大きなテーマを自分の身近なできごとから論じたのはわかりやすい。テーマと自分の接点を見つける。

× 文章の流れを意識して読みやすさを常に考える。

+α 「言いたいこと」「主張」は1つに絞る。

テーマ 3

社会と国際情勢

人手不足

書くためのポイント

- 現状を述べるだけでなく、個性的な意見を入れる
- 話題は一つに絞る

5 段落構成

労働力不足と人材のミスマッチを考える

タクシー乗り場のタクシーの台数がかなり減っていると町の広報誌に書かれていた。夜遅くに帰宅する人、病院へ行くためにタクシーを待つ人などの困惑が掲載されていた。運転手不足は以前から言われていたが、身近に感じたのは初めてだった。祖父の介護を担当してくれているケアマネジャーさんからも、ヘルパーさんが足りず、事業所も人材確保に悩んでいると聞いた。 A

総人口の減少、とくに生産年齢人口の減少で、日本は近い将来、慢性的人手不足に陥ると言われる。多くの業種の人手不足が懸念されている。介護や運輸、サービスでは著しい。しかし、一方で仕事が見つからないと悩む求職者もいる。大学の先輩も会社を退職したあと、次の就職先が決まらない。企業との間で求める能力や資格、労働条件のミスマッチがあるからだ。労働力不足と人材のミスマッチを解決する方法を考えていかなくてはいけない。

労働力不足解消には、女性やシニアの活躍が言われているが、そ

アドバイス

A 身近な自分の生活に関わる話題はぐっと引き込まれる。文字数がゆるせば、介護の現場の人手不足の様子にももう少し触れると興味深い。

れには働きやすい環境づくりが大切だ。また、ロボットの活用として、レストランの配膳ロボットも身近になってきた。

人材のミスマッチは、従業員の「リスキリング」で必要なスキルを個人が習得し、今の職業で、または新しい職業で活かすことが注目されている。DX（デジタルトランスフォーメーション）を推進するためにも必要なことだ。この方法は企業の業務の効率化にもつながる。

私のまわりを改めて見回してみても、労働力不足は生活のあらゆる面で発生しつつある。国が出している各種の経済と労働に関するデータを見るようになった。働くということを考えるとき、働き方改革とともに、いかに労働力人口を保っていくか、そのために新しい仕組みを作っていくかを一人ひとりが考えていきたい。就職活動をすることで、より広く社会を見渡すことができるようになった。

NG

B

企業はココを見る

●社会に対する意見をもっているか
●現状を把握しているか
●深く考えを展開する能力があるか

●テーマ3・社会と国際情勢「人手不足」

合否の分かれ目

○ 身近な町の様子や祖父を取り上げてわかりやすい。

+α 経済と労働に関する具体的なデータなど、数字を入れると説得力を増す。

+α 前向きな考えを述べる。

B リスキリングやDXというキーワードはよいが、内容が散漫にならないように。

NG より広く社会を見渡すことで、具体的に企業研究にどのような変化があったのかを述べよう。結論部分が抽象的にならないようにしよう。

テーマ3 社会と国際情勢

SDGsと企業

書くためのポイント

- 前向きになれる題材を探す
- 現在と未来に焦点を絞る
- 建設的な結論で結ぶ

④段落構成

新しい企業価値に注目する

私が幼い頃から住んでいる町には、地域密着型の路面電車が走っている。全線十駅ほどしかないが都心へのアクセスもよく、通勤通学客も多い。この電車が日本初の二酸化炭素の排出ゼロの電車として運行を始めた。鉄道会社と電力会社が協力することによって成し得たもので、再生可能エネルギーのみで走るという。 A

これは、よりよい世界を目指す国際目標SDGs（持続可能な開発目標）のひとつである。十七分野の目標のなかで、「七 エネルギーをみんなに、そしてクリーンに」につながる。再生可能エネルギーを使い、二酸化炭素の排出量をなくす。石油や石炭などの化石エネルギーは二酸化炭素を排出してしまい、環境リスクが高い。これからの企業価値は、いかに地球の環境に取り組んでいるかでも評価されるのだ。

また、「RE一〇〇」という国際的企業集団があることも知った。二〇五〇年までに事業活動に使うエネルギーを太陽光や風力などの

アドバイス

A 自分の生活圏の中での出来事を取り上げたのは印象深い。実際に乗車しているのならば、再生可能エネルギーのみで走っているとわかって乗っている気持ちなどを表現してみよう。

NG

再生可能エネルギーで一〇〇％調達することを目標とする。このRE一〇〇に加盟することも環境先進企業と認められるメリットになる。近年注目されるようになったESG投資における評価ポイントにもなり、投資家へのアピールにもつながるという。企業を評価するには財務指標だけでなく、非財務情報のESG（環境・社会・企業統治）を評価することが重要となる。B

新しい動きのなかで企業が変革することを求められている。私たちが商品を買うときに注意を払うポイントも変わってくるはずだ。この企業がどれほど気候変動や廃棄物処理などに配慮して、社会を変えることに努力しているかを見るようになるだろう。企業が定款に社会的目標を記し、実現を目指しているか、第三者を交えてその企業の取締役会を監督する制度を作った国もある。世界的規模で広がるSDGsの流れに注目して、私たち一人ひとりが、少しずつ他を思いやる気持ちを忘れずに生活していくことが大切である。

B 用語の説明は相手がわかっていることを忘れずに端的に書くこと。興味をもって調べ、勉強していることがわかる。

NG 結論部分が抽象的で、言葉足らずな感じがする。自分が今、具体的にどのように一歩を踏み出すかを述べよう。

企業はココを見る

- 現代社会を理解しているか
- 前向きな気持ちの持ち主か
- どんな価値観をもっているか

合否の分かれ目

○ 大きなテーマを身近な事柄から語っている。

× 結論部分で具体的な意思表明がない。

+α 用語説明に終始しないように。

テーマ 3

社会と国際情勢

「地方分権について」

書くための**ポイント**

- メリットとデメリットを考えて書く
- 新聞等で最新の動きを追う
- 身近な話題から探す

4 段落構成

生活者のリズムに合わせた進行

「中央集権」から「地方分権」へ。政治家の選挙演説のなかだけでなく、日常的に聞かれるようになった言葉だ。 A

土地や環境に合った政治を行うためには、霞が関から地元に権限を移行させたほうがいい。東京からはわからないその土地の事情があるからだ。このとき注意しなければならないのは、管轄庁から地方への権限移行を一律にやろうとしないことだ。国は「せぇーの」と、一度にスタートさせたがる。しかし各地域の生活リズム、年齢、望む幸せの形は違う。したがって個々の計画に合わせて「地方分権」を進めていくべきだ。 B

友人の実家は熊本県の小さな山間の村にある。彼の話を聞いていると、現代のことかと疑うことが度々ある。彼の家ではドアにカギをかけたことがないという。村民全員の名前が言えて、一日三回、役場からの放送が木の先につけたスピーカーから流れるという。税金は隣組の班長が集めにくる。みんなの楽しみは、二キロ先に最近

アドバイス

A 具体的に書こう。冒頭部分では「地方分権とは○○だ」と、説明をしておこう。

B 民間企業受験の際はこれでOK。しかし、公務員試験の場合にはこれではNGになる。公務員試験の場合は、現状の行政を批判するような文言を入れないで書く練習をしよう。

できた大型スーパーに買い物に行くことだという。この村の人たちが望んでいる生活は、おそらく私とは違う。またほかの地方都市に住む人たちとも違うだろう。仮にこの村に来年からすべての権限を与えましょうと言っても、困惑するだけだろう。また未来設計も予想される問題も、ほかの地域とは違う。地域ごとに事情が違う。自然環境も人的問題もある。一律に国が実施すれば、かえって不幸な結果をもたらす可能性がある。

地域の特色を活かした活動を積極的に始めている地方もある。こういった場所には、早々に権限を移譲するべきだ。そして国は地方活性化のサポーターとして存在していくのが望ましい。いっぽうゆっくりと生活している人たちのリズムを乱してはいけない。追い立てるようにやらせてみても、欲していない人は本気で取り組みはしない。地方分権はその地域だけに流れている時間に合わせて、進めていくべきものと考える。

NG 具体例を挙げよう。「不幸な結果」とはどんなものか一つでもいいから例を挙げて述べると説得力が増す。

GOOD 最後の一文で結論・自分の意見がはっきり書かれている。また、タイトルにも呼応している。

企業はココを見る

- 政治や社会に興味があるか
- 世の中のできごとに対して注意力があるか
- 物事を深く考えられる人物か

合否の分かれ目

○ 最後に自分の意見をはっきり述べたのはわかりやすい。

× データがない。1つでも数字を出して、自説の裏づけとなるものがほしい。

+α 住んでいる場所で起きている問題などを挙げて、自分の考えを説明する。

テーマ 3

社会と国際情勢

社会保障

書くためのポイント

- 肯定と否定の両方を視野に入れる
- 題材を一つに絞る
- これからを予測する

4 段落構成

制度を理解することから始める

大学時代の先輩が3年間勤務していた会社を退職した。幼いころからの夢であったイラストレーターを目指し、学校に通うということだ。先輩は雇用保険の手続き、厚生年金から国民年金への変更、会社の健康保険組合から国民健康保険への移行とたくさんの手続きが必要なのだと教えてくれた。

A

私は、先輩の言っていることが最初はよく理解できなかった。現在の社会保障に関しての関心と知識が不足していたのだ。二十歳になったときから年金を支払い始めた。それも親に促されて、しぶしぶアルバイト代から納めていた。アルバイトの給与明細さえきちんと見てはいなかったと思う。しかし、身近な人の退職をきっかけに厚生労働省のホームページを見るようになった。年金、健康保険などのいまの日本の社会保障の概要と問題点が少しずつわかるようになった。

B

日本は、国民皆保険であり、どのような人でもみんな公的医療保

アドバイス

A 大学の先輩のできごとを取り上げたのはわかりやすい。若い人の遭遇した社会保険に関することがらは、身近で興味を引く。先輩が困っていたこと、迷っていたことなどを具体的に語ることができれば、もっと印象深くなった。

B 自分が納め始めた年金のことをもう少し詳しく述べると先輩との対比にもなる。

GOOD NG

険制度に加入している状態だ。少ない自己負担で、民間や公的医療機関のサービスを受けることができる。世界には保険制度そのものがない国や、充分なワクチンがなく、乳幼児の死亡率が高い国もアフリカ大陸を中心に存在している。自分は恵まれた国に生まれたことを実感した。それならば、なおのこと社会保障制度をしっかりと理解し、今後の制度のあり方を考えていかなくてはいけないと強く思った。

社会人として働き、賃金を得るうえで、その中からどのくらいが社会保険料として徴収され、雇用保険料はどのようになっているのかなどをきちんと押さえておきたい。ここを意識することで、制度の良い点、良くない点を自分なりに把握し、意見を言えるようになりたい。少子高齢社会で、解決するべき問題を一人ひとりが自分のこととしてとらえていくことが将来の道へとつながるのだと思う。社会人として働く第一歩として、重要なことがらであると改めて感じている。

企業はココを見る

- ●社会への関心があるか
- ●日本の保険制度を理解しているか
- ●発想を論理的に展開できているか

GOOD
身近なできごとから世界へと話しを広げ、自分と比べたのはよい流れである。社会保障について勉強したことがうかがわれる。

NG
結論部分で「思う」や「感じる」などの表現は使わないほうがよい。強い決意表明をあらわすようにしよう。

合否の分かれ目

○ 社会保険制度全体に対する自分の認識度と反省、勉強を始めたことが素直に書かれている。

× 結論部分での意見や決意表明が希薄。

+α 読み手の読後感を決定するのは結論である。

テーマ
3
社会と
国際情勢

地域社会

書くための ポイント

- 自分の意見をはっきり述べる
- 身近な話題から探す
- 解決策も提案する

5 段落構成

顔が見える地域生活の実現

私が住んでいるのは、人口が一万人にも満たない小さな町だ。高齢者の一人暮らし世帯が増え、家庭同士、子ども同士のつながりも薄くなってきた。

年の瀬も近い寒い日の夕方、向かいの家が火事になった。石油ストーブの上に干してあった洗濯物が落下して出火したと後日知った。家人は、短時間で戻るつもりでストーブはつけたまま、隣家に町内会費を集めに行って、話し込んでいたらしい。私が外に出てみると、慌てて家を飛び出してきたおばあさんが道路で転んで、座り込んでいた。私にはどこの誰なのか、どのように助けてあげればよいのかわからなかった。ちょうど到着した消防隊員の人がすばやく安全な所へ連れて行き、怪我や意識の有無の確認をし、救急車で病院に搬送した。

A

火事は大事には至らず、周りの家屋にも延焼することはなかった。しかし、住民同士のつながりが薄くなってしまっていたことにあら

アドバイス

A 身近で起きた火事の様子は具体的でわかりやすい。字数に余裕があればもう少し周囲の様子やおばあさんのその後を書き込もう。

自分以外の近所の人の動きが表現できていれば、臨場感が増す。

ためて気付かされ、ショックだった。住民同士の顔と顔が見えなければ助け合うことはできない。普段の生活から見直していく必要がある。

夏祭りのイベントや季節ごとの地区の行事にできるだけ参加するようにした。時間の許す範囲で行事の役員をして新しい企画を出せば、町の活性化にもつながる。普段の生活の中から住民同士の絆を深め、緊急時に自分が最初にすべきこと、誰が避難できていないかなどを瞬時に判断できる仕組みをつくっていきたい。また、子どもが安心して安全な生活を送れるような見守りの仕組みを再点検することもすぐにやっていく必要がある。

自然災害や突発的な事故が起きたとき、お互いの顔が見えないことが一番怖い。高齢者や子どもは初動が遅れがちになる。みんなで助け合うためには、地域の中のつながりを強くすることが大切である。住民、行政、企業が手を取り合って地域を元気にする活動を展開していきたい。

GOOD
はっきりと決意表明が表されている。

B
文章の流れを確認しよう。「また、」のあとに「高齢者とともに注意が必要な子どもに対する取り組みも忘れてはいけない」などを加えるとはっきりする。

NG
最後の一文が唐突な感じ。起承転結の構成をしっかり作ることが大切である。

●テーマ3・社会と国際情勢「地域社会」

企業はココを見る

- 現代の問題点を理解しているか
- 論理的に展開できているか
- どんな価値観をもっているか

合否の分かれ目

○ 身近で起きた緊迫感のある出来事は印象深い。

+α 難しい状況でも前向きな意見を述べてまとめる。

+α テーマから視野の広さをアピールできれば読み手に好印象を与える。

テーマ 3

社会と国際情勢

「自然を守る」

書くためのポイント

- 実体験を環境問題に膨らませる
- 家族や友人の意識を調べてみる
- 自分がやっている環境への配慮を書き出してみる

アドバイス

5 段落構成

使い捨てプラスチックの全廃を目指して

大学三年の秋、語学研修旅行でハワイへ行った。授業の休みの日に楽しみにしていたビーチへ行くと、海岸に打ち上げられたたくさんのプラスチックごみが目に飛び込んできた。研修で知り合った韓国の友人は、太平洋の「ごみだまり」のせいで大量のごみがハワイに流れ着くことを教えてくれた。日本語で書かれたペットボトルもあり、恥ずかしい思いに駆られた。

世界規模で問題化しているプラスチックごみについてウェブで調べてみた。国連環境総会で、法的拘束力のある国際プラスチック条約をつくる準備が始まったことを知った。また、「プラスチック資源循環促進法」が施行され、国内の動きも迅速化してきた。

一部のカフェやファミレスなどがプラ製ストローやカップの提供を廃止し、小売店のレジ袋の有料化が実施された。企業自らがプラスチック製品を回収したり、リサイクルするシステムを作ったりという動きも出てきた。私もジュースを飲むときはストローがあって

GOOD
プラスチックごみについて興味をもち、積極的に勉強していることがわかる。全体を通して、身近な出来事から行政にまで話が及び、広い視野で問題を見ている。

GOOD
自分が行っているプラスチック排除の実際が語られている。

も使わないことを心掛け、スーパーへ行くときはマイバッグを持参している。

企業のサービスとしてのストローやレジ袋提供は、地球のことを配慮していないサービスである。海に流れ出るプラスチックごみは海洋汚染になり、焼却処分時に発生する二酸化炭素は地球温暖化の一因にもなる。大企業がプラスチックの削減に取り組めば、社会における大きなステップになる。企業の取り組みを社会が後押しする形ができれば、よりステップの幅は大きくなる。自治体が条例制定してスーパーなどのプラスチック製レジ袋の使用を禁止する動きも始まった。また、国レベルの話し合いも本格化しつつある。

私も身近なチャレンジを試みた。アルバイト先のコーヒー豆の販売店で、包装をビニール製から紙袋に替える提案をし、布製の豆用マイバッグを持参すれば割引をする仕組みを作った。こんな一人ひとりの小さな試みから始めることが、とても大切であると考える。

A

NG 「そして」などの接続詞を使い、わかりやすくしよう。

A 自分の行った取り組みを述べて結論としているのは、読む人に印象深い。

企業はココを見る

●社会問題への意識は高いか
●現状への理解はあるか
●前向きな気持ちの持ち主か

合否の分かれ目

○ 真摯に環境問題に取り組んでいる姿勢が見える。

+α 説得力を増すデータを入れる。ある時点のこういう数字というのがあれば、勉強をアピールできる。

+α シンプルな文章と段落構成で好感度を上げる。

テーマ3 社会と国際情勢

グローバル人材

書くためのポイント

- 自分の意見をはっきり述べる
- テーマは一つに絞る
- 身近な題材を選ぶ

④段落構成

異文化を理解し、自分の強みを発揮する

バンコクの空港に降り立ったとき、迎えに来てくれた四歳年上の従兄弟がすっごく大人に見えた。従兄弟は、二年前にタイの首都バンコクにできた工場の立ち上げスタッフとして赴任し、働いている。日焼けした笑顔とたくましくなった体つきに驚き、充実した日々を過ごしていることに、こちらまでうれしくなった。

工場の現地スタッフとは、いまではよい仲間で、仕事のあとに一緒にご飯を食べに行き、家に招かれることもあるという。しかし、ここまで来るには、お互いの文化や仕事のやり方、コミュニケーション不足による問題などがあったと話してくれた。日本人同士では、言葉に出さなくても分かり合えることや、暗黙の了解のようなことはいっさい通用しなかった。相手に明確に自分の意志を伝えることができなければ、円滑に仕事は進まない。それには語学力をみがくことが大事である。また、日本の文化を自分がきちんと理解し、それを相手に伝え、そのうえで、バンコクの文化も理解するように努

A

アドバイス

NG 話し言葉を使わない。この場合は「とても」「たいへん」などが適切である。

A 従兄弟と現地スタッフの最初のとまどいや問題点は重要な内容である。ここで、どんなできごとがあったのか具体的に語ることができれば印象深い。

力しなければならなかったそうだ。
私たちはどれだけ自分の文化を知っているだろうか。日本での仕事の仕方と外国での仕事の仕方は違う。その意識をもち続け、お互いが理解する努力を忘れないことが異文化で働く第一歩になるのだ。どのような仕事に就いても、世界を見据えて仕事をしなければいけない。日本の中だけで役立つのではなく、世界で役立つ人になることがこれからは目標になる。

B

以前参加した、世界の若者が集うトークイベントのときも、日本人は頭では意見や賛成・反対をしっかりもっているが、だれも司会者から聞かれるまで考えを述べなかった。他国の若者のように自分の意見をすぐにはっきりと言い、自分の考えを伝えるという力が劣っているのだ。しかし、日本人の勤勉さや細やかさは世界に誇れるものである。自分の強みを発揮し、他国から学べるところは自分のなかに取り入れていくことがグローバル人材としての求められるスキルであると考える。

GOOD

B バンコクでの話とトークイベントの二つのネタが出てきている。上手くつながれば一つの小論文でもよいが、別々の小論文にすることもできる。

GOOD グローバル人材に対する自分の定義がはっきりと出ている。

企業はココを見る

- 前向きな姿勢はあるか
- 国際的な視野があるか
- どんな価値観をもっているか
- 論理的に展開できているか

合否の分かれ目

○ 結論部分でしっかりと自分の意見が出ている。

+α 身近なできごとから広い視野へと話を展開する。

+α 前向きな考えを述べる。

テーマ 3

社会と国際情勢

価格転嫁

書くためのポイント

- わかりやすい身近な題材を選ぶ
- 今後の展望を示す
- 自分の意見をはっきり述べる

GOOD ⑤段落構成

価格転嫁から付加価値アップへ

私の好きなメーカーのお菓子が一年の間に二度も値上がりをした。購入する頻度を少なくして、なんとか出費を抑えた。二度目の値上げのときに、味付けの改良がなされ、また、袋に付いているグッズのもらえるポイント数も大きくなっていることに気づいた。会社のホームページを見ると、経営維持と消費者の両方に有益になる工夫を重ねていると書いてあった。

商品が値上がりすると、「また、こんなに高くなってしまった」とネガティブな気持ちになってしまう。たびたびの値上げやその範囲の広さに怒りすら感じることもある。しかし、企業の存続やそこで働く人のことを考えてみると、材料費、人件費、光熱費などのコストの上昇を製品やサービス価格に上乗せしないといけないことがわかってきた。

企業が存続するためにはコストに見合う価格設定が必要なのだ。また、賃金が上がらなければ消費は活発にならない。働き手の七割

アドバイス

GOOD 自分の最も切実な値上がり内容が表現されていて、読み手にとって話題に入りやすい。

A 価格転嫁ということに対してよく勉強していることがわかる。資料などから読み取れたことだけでなく、自分が感じたことも具体的に述べよう。

を雇用するという中小企業が賃金を上げることはかなり難しい。そのために環境整備を整えることが叫ばれているが、具体的にはその会社ごとにやり方は異なると思う。価格が上がっても購入意欲が高まるような創意工夫のほどこされた製品、よりお客様目線を考えたサービスの提供などを意識することが重要になる。

父の友人の会社では値上げに伴い、製品の流通を見直し、今まで問屋に卸していた方法に加え、新たに開発した製品を自分のショールームで販売するなどの新しい販売ルートを示し、高付加価値経営になって業績アップにつながっている。

価格転嫁には付加価値のアップを目指すことが求められる。この試練を乗り越えた企業が生き残っていくのだ。すぐに成し遂げられることではないが、何年もかけて取り組まなくてはいけない課題である。変わる社会の中で、それぞれが粘り強く考えて、経済活動を活気あふれたものにすることができたらすばらしい。

A

B

B 世の中の動きもまだ試行錯誤しているが、最後の決意表明は力強いものにしよう。自分の考える付加価値の具体的な内容があれば、取っ掛かりだけでもよいので挙げてみよう。

企業はココを見る

- 現代社会を理解しているか
- 論理的に展開できているか
- どんな価値観をもっているか

合否の分かれ目

○ 大きなテーマを身近な事柄でわかりやすく述べている。

+α 前向きで、誠実な印象を与えられるものにする。

+α 結論部分で自分の意見をはっきりと示す。

テーマ3 社会と国際情勢

生成AI

書くためのポイント

- これからを予測する
- 話題を一つに絞る
- 身近なできごとから話を広げていく

5 段落構成

豊かな生活を送るための使い方を

世界の流れのなかで、生成AIが急速に広がっている。インターネットの誕生に匹敵する変化であるとも言われる。従来のAIが成否の判断や予測などを目的とするのに比べ、生成AIは新しい「創造」が可能であるのが特徴だ。

私の生活でも、レポートを書くときに、テーマやキーワードを入力し、生成AIからの回答を参考に文章をまとめ上げるという方法を取ることもある。これは頭の中が滞ってしまったときの補助になる。姉の勤務している広告制作会社でも、アイディア考案で煮詰まった場合に活用していると聞いた。新しいコンテンツを生み出すときの大きな力になりつつある。業務の効率化やコスト削減にもつながると言う。 **A**

しかし、生成AIの活用は懸念されるリスクも同時に持っている。データ検索や回答の生成における著作権の問題が論じられている。 **B**

生成AIの学習時に、著作権者の許諾を得ずにコンテンツを収集す

アドバイス

A 生成AIの身近な使い方について述べたのは導入部分として読みやすい。他の利用方法も具体的に述べられていれば、よりわかりやすい。

B これからの懸案事項が端的に書かれている。生成AIに興味をもっていて、調べていることがわかる。

ることを行っているからだ。これは世界的な懸案事項である。また、画像や音声によるなりすまし詐欺も海外では報告されている。メリットであるコスト削減と相反する、クリエイターの雇用への影響も浮かび上がる。

私たちの仕事は、すべてAIに奪われてしまうのだろうかと不安になることがある。教育の現場では教材作りを生成AIに任せ、医療では最新の医療AIによる診断活用も広がっている。しかし、診断はあくまでも医師の判断であり、AIは医師の手助けをするだけだという。

どんな使い方をすればどんな場面で有益なのか、豊かな生活を送るための使い方を見つけていきたい。また、どんな規制が必要なのかも大切な問題だ。一人ひとりが自分事として考え、議論していくことが重要だと改めて強く思っている。みんなで生成AIの可能性とリスクについてセットで論じていきたい。

C

企業はココを見る

- 国際的な視野があるか
- 自分の能力を過大評価していないか
- 論理的な発想の持ち主か

合否の分かれ目

○ テーマに対してよく勉強していることがわかる。

+α ダラダラとした説明文にならないようにする。

+α 身近なできごとから広い視野へ話を展開し、前向きな考えを述べる。

C

心がまえはとてもよくわかる。可能性とリスクを論じるために一歩踏み出した自分の行動などがあれば、インパクトが増す。

テーマ 4 抽象的なこと

「抽象的なこと」はこう書く

- テーマに合う、自分の身に引き寄せた具体的な材料を探す
- 感じたこと、考えたことをかならず結論部分で書く

考える道筋を見つける

本書の36～37ページをもう一度読み直してみよう。抽象的なテーマでは、いかにして考え出すかという取り掛かりの糸口を見つけることに一番手間取る。

自分のまわりのできごと、自分が感じたこと、考えたこと、それらからテーマとの関連性を考えてみる。テーマとあまりにもかけ離れているものは削除しよう。関連性が見つけられたものは残す。この作業を繰り返し行い、テーマに一番沿ったことがらは何かを求めていこう。

具体性がものをいう

見つけたことがらが、わかりやすく具体性をもっているだろうか。自分が実際に経験して感じたこと、身の回りで起きたことでなくては、インパクトに欠ける。

結論部分での書き方も、自分がだからどう思った、このように考える、としないと本来の作文・小論文の形にはならない。だらだらと事実を述べるだけだったり、感想文の形で終わるようでは読み手を引きつけることはできない。**具体的に述べ、意見もしっかり入っていることが大切である。**

「抽象的なこと」のテーマ

❶水
❷ふるさと
❸勇気
❹教育
❺健康
❻豊かさについて
❼心
❽道
❾思いやり
❿旅立ち

「自分」を発想の中心におく

自分にとって「○○」は何か、自分らしさを表現するための「○○」にまつわるエピソードはあるか、などと考えてみる。また、もうすこし深く考えて、企業側が求める人物は「○○」とどう向き合っている人物かとも発想してみる。

就職試験におけるテーマであることを意識して、「○○」と「企業」と「自分」の共通点を探るのもいい。

たくさん連想することから始める

設定したテーマから連想するキーワードを羅列してみる。また、なりたい自分、したいことなどを書き出し、テーマとの関連性を見つける作業を繰り返し行う。

実際に何から始めたらよいか迷っている人は、感動した本、映画などを思い出し、そのすばらしさを箇条書きにする。設定したテーマと結びつけ、文章を書いてみることから始めてはどうだろうか。また、好きな曲、絵について、なぜ好きなのかを語る練習をする。そこから設定したテーマとつながることがらは見えてこないだろうか。

一方、逆の発想からテーマを設定することもできる。**自分の強みをアピールできるテーマにはどんなものがあるか、書きたいことからテーマを探してみる。**学生時代に体験したことを振り返ったり、学んだことを思い出してみれば、個性ある強みとなるものがきっと見つかるはずだ。そこからたどり、自分のテーマを設定する。

合格への近道

❶ *hop*

「○○」は自分にとって何か、と考えてみる。

↓

❷ *step*

具体的な体験や感じたことなど、身に引き寄せた書き方を探る。

↓

❸ *jump*

結論部分ではっきりとした自分の意見を述べる。

↓

合格

テーマ 4

抽象的なこと

「水」

回帰する勇気

日本の水道水は、国の定めた厳しい基準を満たした安全できれいな水だと言われる。しかし、地域によって水のおいしさには差がある。私の住んでいる地域は、原水の問題や都市化・工業化の影響で、おいしくない。私はペットボトル入りの水を飲んでいる。

祖母の家では、水道の蛇口から出る水で米を炊き、茶を飲む。浄水器などは通さず、水道から出る水をそのまま口に入れる。私は小学生のときはなんの疑問も感じず、祖母に倣ってそのまま飲んでいた。中学生になったとき、蛇口からあふれ出る水をコップで受け止めながら、違和感をもった。この水は大丈夫なのかと。祖母の家は周囲を山で囲まれ、自然がまだ残っている。周辺の人たちは井戸水や水道水をそのまま飲んでいる。それで私も真似をして飲んでみた。とてもおいしかった。

私たちは便利な生活をするために、大切なことを見失っていたのではないか。人間にとって大切な水を豊富にもっていた。しかしそ

A

書くためのポイント

- 自分にとって「水」とは何かを語る
- 説得できる材料を提示する

アドバイス

A 第二段落のまとめ方がよくない。「祖母の家では水がおいしい」。しかし「不便な生活もしている」。この二つの要素を入れて置かないと、第三段落、第四段落へと続かない。提出前には、はじめて読んだ人に理解してもらえるか、チェックをしながら書くようにしよう。

企業はココを見る

●論述能力があるか
●柔軟な発想の持ち主か
●どんな価値観をもっているか

●テーマ4・抽象的なこと「水」

れを自ら失ってしまった。都市化や工業化によって、命の基本であるはずの安全な水を手放してしまったのだ。一度壊れた自然をもとに戻すには、その何倍もの時間がかかると言われている。しかしだからといって、このまま金で水を購入し続ければ、それでいいのだろうか。諦めず、もう一度おいしい水を手に入れるための努力を私たちはしなければならないと思う。

自然に負担をかけた時代をもう終えなくてはならない。寛容な自然もすでに悲鳴を上げている。きれいな水を取り戻すためには多くの不便さや非効率を人間が受け入れなければならない。果たして便利に慣れた私たちにできるだろうか。しかしもう時間は余り残されていない。むずかしい選択を迫られているのだ。人間は自然の恵みのなかで生かされていると考えてみたらどうだろう。感謝の気持ちがあれば、遠慮や尊敬が生まれる。負担をかけない方法を自ら探していくことにつながっていくのではないだろうか。

B
第三段落の内容と第四段落の内容がほぼ同じになっている。第三段落では、「目標」を達成するための、理想とする生活の具体的な提案を書くこと。

C
結論がない。このまとめ方では内容のないものになってしまう。どうしたらいいのか、どうするつもりなのかで締めくくろう。

合否の分かれ目

○「祖母の家の水」という身近なものからの発想はいい。

×自分の具体的な意見がない。読み手の心に残らない。

+α 課題から連想した言葉をテーマに据えて、個性をアピールする。

テーマ 4

抽象的なこと

ふるさと

書くためのポイント

- 就職試験であることを意識して書く
- 感想文ではなく、作文・小論文として読めるものにする

ふるさとを誇りに

岡山県出身の私は、東京の大学に入学して半年ぐらいは口を開くことができなかった。それは訛りのせいだった。田舎にいるときには、自分はすっかり標準語を話していると思っていた。しかし猛スピードで話すクラスメートたちにたまげてしまった。とてもじゃないけど、同じ早さで話せねぇと思った。

友人たちからは無口な男だと勘違いされていた。合コンに行ってもしゃべればバレてしまうと思って、なかなか仲良くなれなかった。なんだか寂しくて、突然ふるさとに帰りたくなった。とうとう我慢できなくなって、夜行バスで実家に帰った。地元に残っていた友だちが歓迎してくれた。皆で飲んでいるとき、変わらなくて嬉しいと言われた。はっとした。私は変わりたくて、変わりたくて、もがいていたのに、地元の友だちは変わってなくてよかったと言っている。どっちがいいんだろうと考えた。

それから東京に出てからの自分を振り返った。田舎者のくせに、

アドバイス

NG 作文・小論文では不適切な表現。エッセイやコラムとは違うので、おもしろさを狙うのではなく、きちんとした言葉を使うようにしよう。

NG 「合コン」「デート」などの言葉はなるべく使用しない。「親睦会」などの表現に変える必要がある。

NG

　それを恥ずかしいと思って隠そうとするから、かえって孤独になっていたのだと気づいた。俺は俺だった。訛りを笑う人がいたら、その人には田舎がないってことだ。ふるさとのない、かわいそうな人だと思ってやればいい。私は三日間にわたって、仲間たちから元気をもらい、再び東京へ向かった。それからは訛ってようが、なんだろうが、しゃべるように努めた。友人たちは笑うどころか、誉めてくれた。いい味が出てると言ってくれた。コンプレックスは突然個性に変わった。夏休みには、大学の友人たちをふるさとに招待した。友人たちはとても喜んでくれた。羨ましいと言う東京生まれの友人もいた。
　無理して偽っても、いいことは一つもない。本当の自分をさらけ出せば、わかってもらえることもある。これからも田舎者の根性で、社会人として頑張っていきたい。泥臭く、粘り強く、コツコツと仕事をしていきたい。（A）

NG 「俺」「○○（名前）」を作文・小論文内に使うことは避ける。

A エピソードには「訛り」しか出てこないのに、結論部分で突然「根性」「泥臭く」「粘り強く」といった言葉が現われる。唐突で説得力がない。前段部分で取り上げた内容から引き出される言葉でまとめる。

企業はココを見る

- ●どんな価値観をもっているか
- ●自己分析ができているか
- ●社風に合った人間性か

合否の分かれ目

× 普段の口調をそのまま文章にしない。言葉の選択には慎重になる癖をつけよう。

+α 話の流れをスムーズにして、結論部分でしっかりと自分の意見を述べる。

「勇気」

書くためのポイント

- 実体験を加えたものにする
- 社会人になってからの目標につなげやすい題材にする

4 段落構成

友人が見せた決断

勇気はいつも見せているものではなく、いざというときに、出現するものだ。私はすぐに取り出せるようにしていたいと思う。

友人とホームのベンチに腰掛けて、電車を待っているときだった。少し離れたところで、カップルがけんかを始めた。私の視界にははいっていたが、友人との話を続けていた。やがて男性の声がどんどん大きくなった。女性は黙っていた。男性が突然、女性を殴った。女性は反動で地面に尻餅をついた。私は驚いて、その様子を見つめていた。隣の友人がすくっと立ち上がり、男性に向かっていった。そして暴力はよくないと注意をした。私は慌てて、友人の応援をした。男性は興奮していて、友人に向かって殴りかかってきた。私と友人は男性を押さえ込んだ。周りにいた男性たちも協力してくれた。

友人は普段とてもおとなしく、無口な男だった。その彼が自分よりも先に行動を起こした。正義感をもった熱い男だったことを、私はこの一件ではじめて知った。勇気や優しさは、平凡な日常生活の

NG：私はすぐに取り出せるようにしていたいと思う。

GOOD：友人は普段とてもおとなしく、無口な男だった。その彼が自分よりも先に行動を起こした。

A：少し離れたところで〜周りにいた男性たちも協力してくれた。

アドバイス

NG 文章中で「思う」を頻繁に出すことは避けたい。たくさんの作文・小論文を書き、適切な表現方法を習得しよう。

A エピソードの終わりの部分が不明瞭で、しり切れ状態になってしまっている。最終的にこの男女がどうなったのかまで書いておこう。体験談を明瞭に語ることが大事。

なかではなかなか見えてこないものかもしれない。いざとなったときに、発揮されるものなのだ。私は一瞬、ためらった。巻き込まれたらたいへんな日に遭わされるかもしれないと思ったからだ。その逡巡が、友人に遅れをとることになったのだ。友人を格好いいと思うと同時に、自分が情けなくなった。私も友人のように真っ直ぐな気持ちでいたいと思った。

見て見ぬ振りをするのではなく、悪いことを注意できる人間になりたい。それには危険が伴う。十分な配慮が必要だ。しかし困っている人がいたら、迷わず手を差し伸べられる人物になりたい。社会人になれば、人間性を問われるようなさまざまな場面に出会うことだろう。そんなときには友人の姿を思い出し、勇気をもってことに当たっていきたい。

NG

B

GOOD

「勇気」という抽象的なテーマに対しての自分の見解が書かれている。結論部分にもスムーズにつながる話の展開になっており、わかりやすい。

B

結論部分でいくらかでも、そのために努力していることに触れていたら、なおよかった。

企業はココを見る

- どんな学生生活を送ってきたか
- 魅力的な人物か
- 豊かな発想力をもっているか

合否の分かれ目

○ 具体的な実体験から入ったのは読み手を引きつける。

× 「思う」の頻出は、決意の強さを希薄にしてしまう。

+α 小・中学生時代の話題は避ける。子供時代のエピソードは就職試験用の文章には不適切。

テーマ4
抽象的なこと

「教育」

GOOD

尊敬する先生

恩師には今でも連絡を取り、いろいろと相談に乗ってもらっている。その先生との出会いは、高校三年生のときだった。親戚から紹介されてやって来た家庭教師の大学生だった。私は彼からたくさんのことを教わった。

私は学校の先生たちとは、なかなか腹を割って話せなかった。それは先生一人に対して、大勢の生徒といった人数的な問題もあった。また授業時間外にもたくさんの行事をこなさなければならない学校では、時間的にも困難な状況だった。それに対し、一対一の家庭教師は正面から向き合ってくれた。陸上をやっていた私は、部活と受験勉強をなんとか両立させたいと思っていた。そんなときも家庭教師の先生は、親身になって相談に乗ってくれた。私用のオリジナルスケジュールを作って、目標設定をしてくれた。先生のおかげで希望大学に合格することができた。その後も私は先生を慕い、自宅に遊びに行ったり、食事に連れていってもらっている。

書くためのポイント

- 具体例は身近なものから探す
- 解決案のあるものを、題材に選ぶ

アドバイス

GOOD 先生のしてくれた指導が具体的に書かれているのがよい。わかりやすく読み手を引きつけることに成功している。

NG 作文・小論文内では「幸運」「ついていた」等の言葉を使うようにする。安易に英語、カタカナ語、略称は使用しない。

NG

先生は人間として尊敬できる。私が悩んだり、腹を立てているとき、とても的確なアドバイスをしてくれる。ときには、耳に痛い言葉を投げられることもある。しかし私を理解したうえでの忠告だとわかっているから、素直に聞くことができる。先生のような人に出会えた私はとてもラッキーだった。ほかの人たちも、私のように素晴らしい人生の先輩に出会って欲しいと思う。そうすれば引きこもりや犯罪は少なくなる気がする。

「生きる力」や「個性尊重」が教育には重要だと言われている。確かにそうだと思う。しかし結局、それを「誰がするのか」が問題なのではないだろうか。魅力溢れる先生がすれば、生徒たちは自然と個性を伸ばし、素晴らしい人間性を発揮するだろう。そうしたなかで育った生徒の一部が教師になって、また生徒たちに還元していく。こうしたいい循環がなされていけば、多くの教育問題が解決していく。このサイクルには最低二十年が必要になる。二十年先を見据えた教育環境の構築が大事なのだ。

B A

A 根拠が提示されていない。結論の第四段落へと向かう第三段落では、明確な根拠を示す必要がある。第二段落で挙げた具体例を踏まえた理由を述べよう。

B 最終段落で現実的な解決策が出されていない。二十年先を見据えて、今何をしなければいけないのかを、最終行にきっちりと書こう。また、スペースがあれば教師の働き方改革にも触れたい。

●テーマ4・抽象的なこと「教育」

企業はココを見る

●どんな学生生活を過ごしてきたか
●人間性は豊かであるか
●論理的に展開できているか

合否の分かれ目

○ 学校以外の場所で知り合った人を題材にしたのはいい。

× 結論部分で具体的な意見、解決策が表現されていない。

+α クラブのコーチや先輩などとのエピソード、ユニークな体験学習授業などを題材にする。

テーマ 4

抽象的なこと

「健康」

書くためのポイント

- 自分にとっての「健康」とは何かを考える
- 結論にスムーズにつながるエピソードを探す

④段落構成

GOOD

心の健康を大切にする

私の兄は周りのサポートのおかげで健康を取り戻しつつある。三年前に大学院を修了し、情報システム関連の仕事に就いた。会社も兄に期待をもって接してくれ、チームのリーダー的仕事も任せてもらえるようになった。しかし、一年ほど前から体調を崩し、休みを取ることが増えてきた。出社すれば遅れを取り戻すために残業し、また、体調を崩すという悪循環であった。

産業医の勧めで、しばらく休職し、カウンセリングを重ねながら自宅療養をすることになった。私はびっくりした。家族は今まで皆健康だったので、病院に通い、会社や学校を長く休むという事態には、我が家だけはならないと思っていた。頑張りすぎると身体と心が悲鳴をあげることを知った。人は少しのきっかけで、身心のバランスを崩してしまう。

「働き方改革」が言われて久しいが、身近な人の出来事に接し、真剣に考えるようになった。長時間労働の是正、テレワークなどの

アドバイス

GOOD

冒頭で現在の状況を述べ、そのあとここに至るまでの経緯が示されているのはわかりやすい。また、インパクトのある書き方である。病気の経緯は長々と述べないように。端的に述べ、その時の家族の気持ちなども書くとよい。

柔軟な働き方環境、ハラスメント防止対策など、国の数々の取り組みがあることを知った。また、病気と仕事の両立、子育てや介護と仕事の両立、高齢者の就業支援と、人生のあらゆる段階で遭遇する問題にしっかりと向き合うことの大切さに気づかされた。

大学のサークルでサッカーを四年間続け、時間のあるときにはスポーツジムで身体を鍛えてきた。身体の強さばかりを意識していたが、自分の「心」の声を聞いていなかったように思う。頑張ることはとても大切であり、あともう一歩踏ん張る努力で目標を達成する経験もした。しかし、頑張りすぎた末に身心のバランスを崩すこともある。自分の限界を見つめることが必要で、立ち止まって周りを見回して休むことも時にはしなくてはならない。少し休んだほうが、そのあとの活力につながることもある。本当の自分を知ることを忘れてはいけない。兄は今回の経験を前向きに捉えることが少しずつできるようになり、会社の復帰プログラムに沿って仕事を再開させ始めた。

A
家族の病気に対し、勉強したり考えたりしたことがわかる。「働き方改革」にもう少し触れるなら、これを読む相手が企業側であることも忘れずに。

GOOD
最終段落の最後で前向きな明るい締めくくりになっている。お兄さんの具体的な言動や気持ちが述べられていたら、より印象深かった。

企業はココを見る

- どんな価値観をもっているか
- 前向きな姿勢はあるか
- 自己管理の意識をもっているか

合否の分かれ目

○ 身近な人の危機に対して深く考えたことがわかる。

× 具体的に自分が兄とどのように関わったかが書かれていない。

+α 結論部分できちんとした意見や決意表明をしよう。

テーマ 5

業界別テーマ

「業界別テーマ」はこう書く

●業界の全体像を知る。
●業界知識は当然。それに加えて、自分の意見をはっきり打ち出す。

志望業界を徹底研究する

業界別テーマを書くにあたっては、新聞を読む習慣を身につけることから始めよう。志望業界の記事はどこに掲載されているだろうか。また、現在のトップニュースは何だろう。志望業界の記事、関連記事など、気になったものは、切り取ってファイリングする。もちろん、インターネットを使って国内外の情報も集めてみる。また、経済関連の雑誌なども見てみよう。業界全体から志望企業の置かれている位置を探ることも必要である。

自分の意見を述べられるかが重要

業界研究から得た知識をただ書き連ねるだけではいけない。読み手はその業界の人間であることを忘れないようにしよう。書かれていることは、試験官は、すべて承知していることばかりなのだから。

説明の部分は、端的に要所のみを述べ、それに対する自分の意見や賛成、反対をしっかりと示さなくてはいけない。この部分が読み手に伝わるかどうかがポイントだ。業界や企業に対する意見をしっかりとまとめておこう。

「業界別」のテーマ

❶廃棄物処理（製造）
❷情報社会とビジネス（IT・通信）
❸新時代の鉄道（交通・運輸）
❹これからの不動産業（不動産）
❺ブランドビジネス（流通・小売）
❻夢を売る（サービス・レジャー）
❼伝える（マスコミ）
❽国際社会（商社）
❾金融の未来（金融）

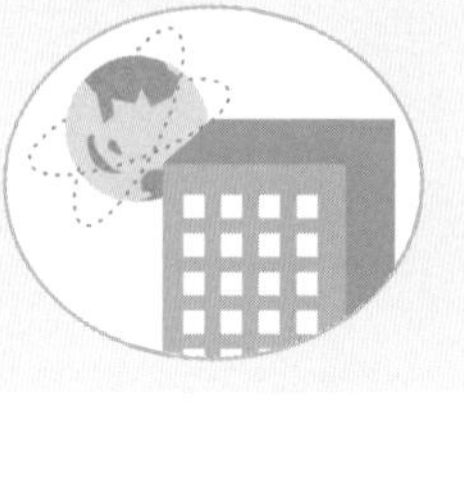

業界研究と自分の興味との接点から発想する

業界研究から得たことをまとめる。

・志望業界の今後の展望はどのようなものか。
・どんな可能性があるか。
・志望業界の抱える問題点は何か。

これらを考えたうえで、この業界へのあこがれのきっかけは何だったのか、志望業界のどんなことに興味があるのか、そして、現状を踏まえた独自の発想はあるのかと自身に問いかけてみる。

企業の求める人物像との共通点を見つける

志望企業の歴史を調べ、未来を予想する。業界全体の未来へも考えが広がればなおよい。できれば、OB・OGなどから話を聞き、志望企業の社風を理解する。

自分のできることを箇条書きにしてみる。ここで、「経験」と「志望」がスムーズにつながっているかをチェックする。他者に評価してもらい、意見を聞くことも大切である。

合格への近道

❶ *hop*

新聞や雑誌を読むなどして、業界研究、企業研究をしっかりとする。

↓

❷ *step*

さまざまなテーマに対する自分の意見、賛成・反対をはっきりと示す。

↓

❸ *jump*

業界の求めている人物像と自分の共通点を見つけて、自分だけの「売り」をつくる。

↓

合格

前記のような準備を経て、実際に書く練習をする。出題テーマを予想して書いてみる。自分の長所が文章内に盛り込まれているか、確認しよう。自分の魅力が、志望企業でどのように活かせるかを具体的に挙げてみる。

業界が欲している人物像と、自分との共通点は見つけられただろうか。何度もテーマを設定して、練習を繰り返すことにより、自分の「売り」を志望業界の求めるものにあてはめることができるようになる。

テーマ 5

業界別テーマ（製造）

「廃棄物処理」

書くためのポイント

- 業界（企業）の商品知識を入れて書く
- 前向きな提案をする
- 結論をシンプルにする

4 段落構成

所有と処分

製造業は高品質の商品を低価格で造る仕事に携わってきた。今はそれに加え、製造した商品の処分までも責任を負っている。

自然を無視した開発により、地球には随分無理をさせてきた。これからは、環境に優しい商品を造っていくことが製造業界には求められている。たとえば土に還る生分解性の材料を使ったエコマテリアルの使用などはすでに始まっている。今後もこの開発は進んでいくと思われる。開発費用は莫大で、企業経営には大きな足かせになると考える経営者もいるだろう。しかしこれは今しか見ていない人の考え方だ。十年先、三十年先を見ていれば、環境との共存なくして経営は成り立たないとわかるはずだ。

自然は崩壊寸前までいっている。これ以上の負担をかけるわけにはいかない。また消費者もすでにその事実を知っている。どちらの商品にしようか迷ったときに、決め手となるのは価格だけではない。どれだけ環境に配慮して造られているか、処分するときにはどうな

アドバイス

GOOD 将来を見据えている一文である。現状と未来、両方に考えが及んでいることを示せるような書き方をしよう。

NG 前の文章からの流れと明らかに趣旨が違っており、唐突な文章になってしまっている。提出前に文章に違和感がないかどうか読み直しをしよう。

るのかのストーリーも、購入決定に影響を与えるのだ。便利な生活に慣れてしまった私たちが、これから進むべきなのは、吟味した物を必要な量だけ手に入れる生活だ。

製造者が廃棄処分に責任をもつことで、商品は確実に変わった。消費者の嗜好も変わってきている。製造者は廃棄までを押し付けられたというマイナスではなく、トータルで商品開発できるとプラスに考えてはどうだろうか。昔から日本には筆や針など、使用していた物を供養する風習がある。この考え方は古くて新しい。今まで使っていた品への愛情を、処分時に見せるものだ。製造者も自分たちで造り、販売した品への感謝の気持ちを廃棄時に見せればいいのだ。新しい商品を手に入れたときの喜びはそのままに、今まで使っていた品への愛情を示せたとき、消費者は満足感を得るはずだ。これを実現するためには企業側の努力が欠かせない。近い将来、「所有」と「処分」がセットで喜びとなる日が来ることだろう。

NG どう変わったのか、具体的に書く。志望業界（企業）の新商品などを具体例として挙げ、勉強しているところをアピールしたい。

A 漠然とした主張に終始している。間違っていることは言っていないが、インパクトもなく、試験官の心に残らないだろう。「製造者側」と「消費者側」のどちらかに的を絞り、話を進めたほうがすっきりした文章になる。

企業はココを見る

- どんな価値観をもっているか
- 業界（企業）研究をしているか
- 現代社会を理解しているか

合否の分かれ目

○ ありがちな知識のひけらかしや的はずれな指摘はしていない。

× 具体的な志望企業の製品名などがあればもっとよかった。

+α 特定の企業を名指しで悪者にしない。

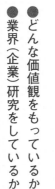

「情報社会とビジネス」

書くためのポイント

- 的を一つに絞り込む
- 志望業界（企業）に関した話にする
- 具体的な提案を盛り込む

⑤段落構成

身の周りのあらゆるモノがインターネットにつながる

今までインターネットとは無縁だったモノがインターネットにつながるようになった。相互通信し、遠隔からの認識や計測、制御などができるようになり、仕事や生活が変わりつつある。

私は自宅近くからバスに乗って最寄り駅まで行く。スマートフォンの「バスナビ」を使って、停留所到着時間や遅れを確認するのは毎朝の習慣になっている。リアルタイムで運行状況がわかるのはありがたい。朝は分刻みで通学準備をしているからだ。観光地でもこの取り組みが進められていて、観光客向けの便利なサービスとして注目されているという。

また、姉の仕事はスポーツジムのインストラクターで、朝晩の体重測定を日課としている。体重計のデータをスマートフォンに送信するシステムを使い、健康管理と仕事に役立てている。こんな身近なところにもIoT（モノのインターネット）が広がっている。

農業を営んでいる伯父と久しぶりに会ったときに聞いた話にも興

A

アドバイス

A 自分の生活と密着したことでIoTを説明しているのは、わかりやすく、引き付けられる入り方だ。

このあと、身近な人の仕事に話が及んでいるのは、視野の広さが出ている。

味をもった。地域の組合で新たなハウス栽培農法として、共同で農地にセンサーを取り付けたそうだ。このセンサーで読み取った土壌の状況や日射量をもとに、水や肥料の量、与えるタイミングを計る。このおかげで節水や人手不足の解消に役立っているという。高齢化が進んでいる農業の効率化につながるすばらしい取り組みだと思った。少し周りを見回しただけでも、新しい仕事のやり方、快適な生活に役立つことがこんなにある。

既存の会社が自社のモノをインターネットにつなげることで、新しい活躍の場が増え始めた。調べてみると、医療、輸送、製造業、農業などあらゆる分野の活用例があり驚いた。5G（第五世代移動通信システム）の活用が本格的に始まれば、これらの分野もさらに進化をとげる。未来の生活を支える取り組みに私も加わりたい。人々がより快適に仕事や生活ができる担い手になる一歩として、基本情報技術者の資格を取り、さらなるスキルアップを目指している。

GOOD IoTに関して勉強していることがわかる。スペースがあれば、ひとつの分野だけでもよいので、具体的なことに触れて述べてみよう。

GOOD 具体的に目指している資格の名前があるのはよい。この資格取得後にさらに目指している資格があれば書いておこう。

企業はココを見る

- 業界（企業）への理解はあるか
- 何に興味をもっているか
- 論理的に展開できているか

合否の分かれ目

○ 結論部分に具体的に勉強した資格名が入っている。

+α 本文中に出てくる単語やことがらの説明は、相手は承知済みであるので長くなりすぎないように。

+α 自分の経験は説得力を増す。

テーマ 5

業界別テーマ（交通・運輸）

「新時代の鉄道」

書くためのポイント

- 業界に関する知識を入れる
- 実体験を入れて、わかりやすくする
- 今後の展望を予測する

アドバイス

A 業界に興味があり、勉強していることがわかる。国の取り組みである「マース」のことは端的に述べること。知識のひけらかしにならないようにしよう。

5 段落構成

新しい生活様式を考える

新型コロナウイルス感染症の世界的感染拡大とその後、暮らしは、またひとつ新しいステージに進みつつある。私の父や兄もリモートワークと出社を状況によって組み合わせる働き方になった。この働き方はこれからも変わらないという。鉄道のビジネス需要も減少し、観光による移動も一時は激減した。大学の授業も対面とオンラインの併用で、私も公共交通機関の利用頻度が少なくなった。

鉄道業界の未来はどうなるのだろうと思い、調べてみた。そこでＭａａＳ（マース）という国の取り組みがあることを知った。地域住民や旅行者一人ひとりの移動ニーズに対応して、複数の公共交通機関や移動サービスを最適に組み合わせ、検索・予約・決済を一括で行う。また、観光や医療など、目的地における交通以外のサービスなどとの連携を図ることで、地域の課題解決にもつながるという。A

この取り組みは、旅行者にとっての移動の利便性の向上や観光業界のトータルでのサービス提供になるだけではないと知った。私の

GOOD

祖父母は、地方の小さな町に住んでいる。祖父は年齢のせいかすっかり出不精になり、運転免許証を返納して以来、バスと列車を使って病院に行くだけが外出の機会だと聞いた。バスが家の近くまで列車の乗車時刻に合わせて迎えに来てくれ、病院の外来予約まで一括でできれば、どんなに助かるだろう。

地域の医療と福祉につながり、外出機会の創出と地域活性化にもなる。交通手段と聞くとすぐに観光やビジネスにおける移動を思い起こすが、発想の転換が求められているのだ。しかし、新しい取り組みには課題もたくさんある。交通事業者のキャッシュレス化や交通情報のデータ化、各業界の連携などたくさんのノウハウを構築していかなければならない。

交通業界のなかで、新しい鉄道事業に携わる仕事に就きたい。たくさんの課題を乗り越え、人と関わることを大切にして、移動と生活をセットでコーディネートできたら、利用者の目的を叶えてあげることができる。

B

GOOD 交通業界での新しい視点からの取り組みについて述べ、すぐに現状での課題に触れたのは印象深い。

B 仕事への熱意が感じられる。利用者の目的を叶えるためにまずどんなことをしているか語ろう。鉄道事業に関する基本的な勉強をしていることにも触れたい。

企業はココを見る

- 業界（企業）への理解はあるか
- 広い視野をもっているか
- 論理的な展開になっているか

合否の分かれ目

× 具体的に努力していることが提示されていれば、結びがぐっと引き立つ。

+α 業界研究をしていることを示そう。具体的な企業名や商品名が入っていればインパクトの強いものとなる。

テーマ 5

業界別テーマ

（不動産）

「これからの不動産業」

書くための**ポイント**

- 不動産業に対する熱意や憧れを入れる
- テーマは一つにする
- 明るい将来展望へつなげる

5 段落構成

さまざまな働き方や暮らし方に寄り添う

毎朝電車に乗り、大きなオフィスに通うという、今まで当然だった形が変化した。たとえば、週の半分は在宅で仕事をし、あとの半分を出社する。また、コロナ禍後は出社率を少しずつ増やす会社もある。職種によってはリモートワークのできない人もいる。自分の仕事に即したさまざまな働き方が求められるようになった。

駅に近く通勤に便利な場所に住むという人がいる一方、テレワークに都合がよい部屋数の多い、郊外に住む人も増えてきた。また、大規模なものより、区分所有のオフィスに注目が集まるなど、新たな方面でのオフィス需要も生じてきた。人々の生活に対する考え方の違いで、不動産市場は二極化がますます進むのではないかという記事を経済誌で読み、自分の周りのことを考えてみた。

私も大学のオンライン授業の増加で、通学には一時間程度かかるが、大学近くのアパートから実家に戻った。アルバイト時間の減少などで経済面のこともあり戻ることにした。就職活動やオンライン

A

B

アドバイス

A 広い視野で勉強していることがわかる。業界研究をしてわかった前向きなことがらと課題や問題点、両方に触れるようにしよう。

B 自分と身近な人の二極化を述べたのはインパクトがある。スペースがあれば、もう少し詳しく説明したい。

授業数の増減を広く考えて、都心のアパートに住み続ける決断をした友人もいる。一人ひとりの働き方や暮らしに対する考えの違いであると思う。

また、都市部での課題と地方での課題の違いも忘れてはいけない。高齢者の多い地方では空き家問題が言われて久しい。地域の活性化と人口減少に対処することをさまざまな暮らし方に結び付けて解決する取り組みもあると聞く。

近年の不動産業界は、実際に見に行かなくても物件を見ることができるＶＲ（バーチャルリアリティー）や家に装備されたＩｏＴ（モノのインターネット）を販売のポイントにするなど、イノベーションによる新しい動きがビジネスチャンスだと言われる。この新しい動きと人それぞれの働き方、暮らし方を組み合わせて、人に寄り添う、柔軟性のある発想をたくさんの人に提供したい。ＩＴの技術や不動産の知識を勉強することから始め、目標に向かって努力をし続けていきたい。

NG 唐突な感じがする。流れを確認しよう。たくさんの話しを盛り込まないように。この段落を削除することも考えてみよう。

C 仕事に対する前向きな気持ちが表現されている。基礎の勉強のほかに新しい発想を提供するために努力していることがあれば書こう。

企業はココを見る

- ●業界（企業）への理解はあるか
- ●どんな価値観をもっているか
- ●夢をもっているか

合否の分かれ目

- ○ 明るく、前向きな未来への展望になっている。
- ○ 身近な話題を取り上げている。
- × 業界に関する勉強をしていることはわかるが、具体的にしている努力が示されていない。

テーマ5

業界別テーマ（流通・小売）

ブランドビジネス

書くためのポイント

- 身近なできごとを踏まえ、話を組み立てる
- 志望業界（企業）を意識して、結論をまとめる

⑤段落構成

勝者と敗者の違い

住まいの近くには二軒のコンビニがある。違う系列のコンビニだ。駅をはさむようにしてほぼ同じ立地条件に建っている。去年、一軒のコンビニが閉鎖された。勝者と敗者の違いはなんだったのか。

アパートを決めるとき、コンビニが近くにあるかないかが重要だった。それほどコンビニは生活に必須の場所になっている。最初は二軒のコンビニを気分で選んでいた。しかしやがて一軒の店にいつも行くようになった。当時は「なんとなく」で店を選んでいた気がした。しかし今冷静に考えてみると、れっきとした理由があった。

通っていたコンビニには、オリジナル商品が多かったのだ。どの店でも買える物ももちろんあったが、おにぎりや弁当、お菓子などのプライベートブランドのように、その系列でしか買えない物があった。A

同じ形態で店舗運営をする場合には、どれだけ他店と差別化をはっきりと提示できるかが成否の鍵になる。そのために「ブランド」がある。同じバッグや財布に見えても、そこに付けられたロゴによ

アドバイス

A 実際にアルバイト経験がある人は、この段落で具体的な商品についての考察や、問題点を指摘するといい。流通・小売業界への就職を希望する人は、作文・小論文や面接時に実体験が有利に働く。経験がなければ、家族や友人など幅広い層にリサーチして、独自のアイデア等をまとめておくようにしよう。

って、価格やステータスがはっきりと示されるのだ。消費者は安心感をも一緒に購入しているのだ。この考え方はすべての商売に通じる。コンビニチェーンは一見、どの店も同じに見える。しかし努力している店とそうではない店はすぐにわかる。発見や驚きを消費者は体感したいのだ。その欲望を満たしてくれるコンビニに人は行くのだ。棚に新しいオリジナル商品を発見したときの期待感は、生活を潤してくれる。「○○の肉まん」「○○の鮭おにぎり」と指名買いする人もいる。

一軒のコンビニは今や一つの街としての役目さえもっている。現金の引き出し、支払い代行、チケットや本の引渡し、クリーニング業務までをこなす。今後も利便性はさらに高まるだろう。他店に差を付けるには、ブランド力をどれだけ高められるかにかかっている。これからも激しい戦いが予想されるが、ブランド確立に成功した企業が勝者になることだろう。

GOOD

一つの事例からビジネス全般についてまで言及している。このように、たんに経験したことを書き連ねるだけでなく、そこから感じ取ったこと、考えたことを書いていこう。大きな視野に立ったものの見方が必要である。

企業はココを見る

- 業界（企業）研究をしているか
- どんな価値観をもっているか
- 高い発想力をもっているか

合否の分かれ目

○ 実体験に基づくことで話題を展開している。

× 具体的な商品名やショップ名があれば印象度が高まる。

+α 業界の現状と将来展望、両方が表現されていればより好印象を与える。

テーマ 5

業界別テーマ（サービス・レジャー）

夢を売る

書くためのポイント

● 志望業界（企業）の話に絞る
● しっかりした根拠を提示する

4 段落構成

GOOD

コーヒーと一緒に体感するもの

おいしい一杯のコーヒーを飲みながら、本を読むのが、なによりの楽しみだという人がいる。至福の時を過ごすとき、場所は重要な要素になる。コーヒーの味はもちろん、店の雰囲気も大事なのだ。

一人でいても快適に時間を過ごせて、大勢でも楽しめる空間は、どこにでもあるわけではない。それでは人はどんなことから、この店は「感じがいい」「悪い」を判断しているのだろうか。私はこの疑問を解決するため、二十軒の店を調べてみた。調査結果を建築家の叔母に見せ、意見を聞いた。そこでわかったことは、人間の五感を意識した店づくりがされていると、心地良く感じるということだ。視覚、聴覚、嗅覚、味覚、触覚の五つすべてを満足させる店舗に人は集まるのだ。コーヒー店は旨いコーヒーを出せば繁盛する。これは幻想だ。客はコーヒーと一緒に雰囲気に金を払うのだ。

二十軒の調査で、繁盛店には共通点が多数あることがわかった。天井の高さや窓からの明かり等を上手に取り入れて開放感を見せる

アドバイス

GOOD

具体的で、積極性もアピールできるので、独自に行った調査・研究に関することがらはどんどん入れていこう。また建築家から意見を仰いだとする一文を入れたことも成功している。意見が独りよがりなものではなく、客観的なものと評価される。

「視覚効果」を狙った店。程よいBGMと、マシンの音を響かせないよう、客席との距離を広く取っている「聴覚」を考慮した店。店頭にコーヒー豆を配置し、前を歩く人にコーヒー豆のいい匂いを届ける「嗅覚効果」を狙った店。いい豆を使用した「味覚」を満足させる店。こういった考え方は、アミューズメント業界やホテル業界などの「夢」を提供する産業界と共通のものだ。つまり成功しているコーヒー店は、コーヒーとともに「夢」を販売していたのだ。**A**

コーヒーのビジネス戦争はこれからも続いていくと思われる。最近では、コーヒービジネス全体のサステナビリティを考えることが大切だと言われる。このような中で勝ち残れるのは、たくさん「夢」を見せられる店なのだ。店舗開拓や新商品開発が、今後も重要な意味をもっていくだろう。顧客が望んでいることをかなえられるかが成否の鍵だ。日本人の国民的飲料となった感のあるコーヒーは、今後も進化を続けていくだろう。**B**

A 消費者を相手とする商売は、基本的に「夢」も一緒に販売するものと考えればいい。他の業界のテーマで書くときにも応用がきく。

B 結論がはっきりと書かれていて、将来の展望も述べられている。実際に自分が提案する具体例があれば、なおよかった。

企業はココを見る

- 業界（企業）研究をしているか
- どんな人生観をもっているか
- 現実的な視点も併せもっているか

合否の分かれ目

○ 業界研究をしていることがきちんと書かれている。

○「夢」という漠然としたものが、スムーズに志望業界と結びついている。

+α「満足」「納得」「理解」等の商品購入動機も「夢」と同義語と考えられる。

テーマ 5

業界別テーマ（マスコミ）

「伝える」

書くためのポイント

- 具体的な話を盛り込む
- 現在の状況に対するしっかりとした認識を示す
- 問題提起をする

④ 段落構成

今を「伝える」ことの大切さ

離島を取材してタブロイド紙の発行を手がけている人の記事を、新聞で読んだ。はじめはウェブサイトで、そのあとタブロイド紙の発刊を手がけ、発行部数も順調に伸びているという。ソーシャルメディアが普及し、情報発信をする人が増えるなか、「伝える」ことの本質を考えさせられた。

A

島はどこも少子高齢化が都市部よりも格段に進んでいる。地震、台風などの自然被害の多い昨今、自然と人との関わりや、生活をしていくうえで何が必要で何がなくてもいいのかをみんなで考えるようになっているという。進むのではなく立ち止まり、本来の生活に立ち戻ることを模索しているのだ。島は日本の将来の縮図である。ここから世界へと大きく視野を広げていく必要がある。

大きなメディアはたくさんの情報を発信している。いろいろな角度からものを見ることも教えてくれる。しかし、情報を発信しているだけの記事もあるように思う。読んだ人が次の行動に移るための

アドバイス

A 文章の書き出しの方法としては、このように「新聞やニュースでは○○と言われている」とすることもできる。覚えておこう。

GOOD 身近なできごとから大きな視野へと話が転換できている。

GOOD メディアのよいところと問題点を対比して出していてわかりやすい。業界の人が読み手であることを忘れずに、一方的な非難に終始してはいけない。

ヒントになる伝え方が大切だと気づいた。目的は、日本の、世界の人のためになることを伝え続けることである。島に大きな事件や事故は少ないが、タブロイド紙は離島の生活に貢献する大事な情報を伝えている。

近年はネットでつぶやいたことが縦横無尽に広がっていく時代である。自分の発信したことには責任をもたなくてはいけない。今を伝える情報が将来に役立つためには、発信の仕方や内容を精査し、多くの人のためになるようなことがらになっているかをもう一度点検する必要がある。私も地元のコミュニティーサークルのウェブサイトで仲間と情報を発信している。地元の人の生活と密着した、人々の利益になるような、そんな情報を発信していきたい。これからの町づくりの役に立つような今を発信することがうれしい。伝える仕事の専門家になりたいと強く希望している。

B

B

自分のおこなっているコミュニティーサークルの話は具体的でよいが、前半部分とのつながりがスムーズであるかもう一度チェックしよう。

企業はココを見る

- 世の中の動きに敏感か
- 世の中に対する問題意識は高いか
- 論理的に展開できているか

合否の分かれ目

○ 自分の意見がはっきりと述べられている。

+α 新聞やテレビなどで報道されたことを取り上げて論述する。

+α よい点と悪い点、両者を踏まえて話を進める。

テーマ 5

業界別テーマ（商社）

国際社会

書くためのポイント

- 商社の役割を踏まえて書く
- 広いビジネス的な視点で物事をとらえる

5 段落構成

NG

世界の変化に対応する

商社の仕事とは、「売り手」と「買い手」のパイプ役をし、世界を舞台に活躍するという認識だった。資源を買い付け、必要とする国内企業などに搬入する手続きを取る。ときには、そこで出来上がった商品の販路を見つけ、輸出手続きまでの仕組みを担う。こんな全体像しか持ち合わせていなかった。

商社の現状と今後を学んでいく中で、非資源ビジネスの分野で商社が活躍していることを知った。私が一番興味をもったのは、インフラ整備であり、なかでも水事業に関することだ。a海外の水事業プロジェクトでは、水処理器メーカーやエンジニアリング企業と一体となり、商社が運営・管理の先導役となって、プロジェクトを推進しているという。これは、商社が世界各地の地域の特性を知り、世界の企業とコネクションをもっているからこそできるリーダー的役割であると思う。

私は十歳から十二歳までの三年間を、父親の仕事でインドネシア……

アドバイス

NG 具体的に述べたい。「小売、不動産開発、自動車などの非資源ビジネス〜」とする。

A 三段落目を二段落目のaの箇所

のジャカルタで過ごした。父は建設機器メーカーの社員として、日本の技術を現地の人に教えていた。ここで「水」の大切さを知った。これが、新興国のインフラ整備事業に興味をもった理由である。

A

商社は、めまぐるしく変わる世の中で、柔軟な考え方で新しい価値を見つけていくことが求められる。商品を世界に売るだけではなく、サービスの提供や新たな企画を生み出すことで付加価値を創造することが重要だ。地域の特性に即し、その地域の会社と協力し、水の整備をしたい。現地の人々とコミュニケーションをとり、現地のニーズに合うやり方を探さなければいけない。

B

それを可能にするためには、まず、自分に力を付けることだ。語学力はもとより、コミュニケーション力を養い、いろいろなことに興味をもてる自分でいたい。グローバルネットワークで強みのある、商社ならではの未来へ向かう働き方を探していく。世界の変化に合わせた仕事をしていくことが私たちに求められる。

C

企業はココを見る

- 国際経済状況を理解しているか
- 発想力があるか
- 論理的に展開できているか
- 現実的な思考があるか

A に入れるとわかりやすい。興味をもった理由をすぐあとに置く。改行してあとを続ける。

B 「新しい付加価値」とは何か。もっと具体的に書こう。「水ビジネス」以外のことにも触れたい。

C コミュニケーション力を養うためにやり始めたことがあれば、小さなことでもよいので触れておこう。

合否の分かれ目

○ 日本の商社の動向に言及し、しっかりと業界研究をしている。

+α 身近で商社に勤務している人がいれば、現状やこれからの課題を聞いて結論部分の参考にする。

テーマ
5

業界別テーマ
（金融）

金融の未来

書くための
ポイント

●知識と事実、意見の分量のバランスを考える
●今後の展望を予測する

④ 段落構成

テクノロジーで変わる未来

故郷に帰省して驚いた。子どものころからお年玉を貯めていた地元の銀行が吸収合併されて名前が変わっていたのだ。地方銀行の縮小は以前から言われており、人口減少も続いている近年では仕方がないことだと感じた。銀行の様子が変わってきている。

金融取引をIT技術によって便利にするフィンテックが未来をつくるという。私たちの身近では、スマートフォンで支払うモバイル決済が生活のなかに定着しつつある。クラウドファンディングで、インターネット上で不特定多数の人に融資を募る仕組みもできている。資産運用であれば、AIが過去のデータを分析してアドバイスをしてくれる。銀行業務もフィンテックによって自動化・簡易化が進んでいるのだ。今までのような店舗数、窓口数が必要でなくなってくる。それに伴って従業員数も減らさなくてはならない。この大きな流れのなかで、銀行業務のやり方を大きく変化させることが求められている。

A

アドバイス

A 金融業界の変化の様子は端的に述べる。読み手は業界の人なのですべて承知済みであることを忘れずに。銀行だけでなく、証券会社、保険会社も金融なので、それらにも触れると幅が広がった。

しかし、この変化についていけない人がいることも忘れてはいけない。私の祖父はスマートフォンを持ってはいるが、電話とメール以外は使っていないという。ネットワークにつながっている人といない人がいるのだ。金融の世界にＩＴの進出はめざましいが、ネットワークにつながっていない人をどのように導くかも課題である。また、テクノロジーによる変化のタイミングを考えることも大切である。

私たちがしなければいけないことは、フィンテックに興味をもち、変わりつつある金融業界のシステムを理解していくことだ。それには、金融業界の新しい情報をキャッチし、勉強をしていくことが必要である。勉強をしてみると「ブロックチェーン」の仕組みにも興味をもった。分散型台帳技術の長所、短所を知り、色々な場面で活用できればおもしろい。新たな仕組みづくりはまだ始まったばかりであるが、その先に私たちが変える金融の未来があると考える。

GOOD
新しい流れの課題を提示したのはよい。自分なりの意見を示せるようにしよう。

B
変化する業界に対して興味をもっているのはわかる。そこから具体的に自分が何を考えているかが見えない。

企業はココを見る
- 世の中に対する問題意識は高いか
- 論理的に展開できているか
- どんな価値観をもっているか

合否の分かれ目
○ 金融業界に関心が高く、情報に敏感であることが伝わってくる。
+α 結論部分で、業界の未来に関して、自分なりの具体的な意見を述べる。

コラム❹

「三題噺」の書き方

「三題噺」とは、３つの題を入れて文章を作ること。決められた字数のなかで、与えられたキーワード３つを入れて１つの作品を作り上げる。この内容は創作でもかまわない。

書くときのコツ

・３つの言葉から連想できる共通のことがらは何かを考える。
・３つのなかから１つを選び、それにまつわることがらを考える。あとの２つはメインに付随する言葉として、文章のなかに入れ込んでいく。

できればここまで考えたい

もともとは落語から出ているこの「三題噺」。落語にはかならずオチがある。できれば話のなかにオチをつくりたい。しかしオチにこだわるとアウトラインが完成できなくなる恐れもある。まずは文章を完成させることを第一目標に。

こんなテーマで練習してみよう

３つの題にはどんな傾向があるのだろうか。時事的キーワードはよく使われる。その年のキーワードは要注意である。

「カフェ　選挙　夢」「憧れ　駅　猫」「電子書籍　本棚　著作権」

上記の題で練習してみよう。抽象的な言葉の扱いが意外とむずかしい。試験官は、あなたのユニークさや創造力、柔軟性を見ようとしている。

巻末資料

これだけは覚えよう!

1 誤りやすい言葉

- 生徒を引**ソツ**する。 ○**率** ×卒
- 新春**コウ**例の舞台が開く。 ○**恒** ×好
- 計画の縮**ショウ**が決定した。 ○**小** ×少
- 話し合いは難**コウ**している。 ○**航** ×行
- 新刊の書籍を**コウ**入する。 ○**購** ×講
- 子どもの**キ**嫌を取る。 ○**機** ×気
- 業績不**シン**で窮地に立つ。 ○**振** ×信

- 集団感**セン**が疑われる。 ○**染** ×潜
- トマトの**サイ**培を始めた。 ○**栽** ×裁
- **カン**暦を祝う会を催す。 ○**還** ×環
- 地図を**フク**写する。 ○**複** ×腹
- 早春の**ジョウ**景が浮かぶ。 ○**情** ×状
- 制度の**テッ**廃が議論された。 ○**撤** ×徹
- 近隣と友**コウ**関係を築く。 ○**好** ×交
- 責任を他者に転**カ**する。 ○**嫁** ×化

- 人への心**ヅカ**いが大切だ。 ○**遣** ×使
- 列車が立ち往**ジョウ**する。 ○**生** ×上
- 将来の**ホウ**負を語る。 ○**抱** ×包
- 書物は知識の**ホウ**庫だ。 ○**宝** ×豊
- 機具を屋根に**セッ**置する。 ○**設** ×接
- 大**テイ**の人が反対した。 ○**抵** ×低
- 印鑑**ショウ**合をする。 ○**照** ×証
- **ジン**速な対応が必要だ。 ○**迅** ×尽

2 同義語・反対語・同音異義語

●同義語

斡旋＝世話
異存＝異議
改良＝改善
機知＝機転
苦心＝腐心
啓蒙＝啓発
根本＝基礎
自然＝天然
節約＝倹約
多種＝多彩
沈着＝冷静
伝染＝感染
値段＝価格
伯仲＝対等
発達＝進歩
不意＝突然
別段＝特別
有名＝著名

意義＝意味
応答＝返事
肝要＝肝心
教化＝感化
計画＝企画
高騰＝騰貴
賛成＝同意
終生＝一生
全滅＝壊滅
着工＝起工
珍妙＝奇妙
特別＝格別
白状＝自白
破産＝倒産
俊敏＝敏速
風潮＝傾向
見分け＝区別
冷酷＝無慈悲

●反対語

安全↔危険
延長↔短縮
解放↔束縛
求人↔求職
倹約↔浪費
実在↔架空
集合↔解散
柔軟↔硬直
縮小↔拡大
消費↔生産
進行↔停止
静止↔運動
絶賛↔酷評
損失↔利益
団体↔個人
鈍感↔敏感
派遣↔召還
繁忙↔閑散
被告↔原告
非凡↔平凡
豊作↔凶作
未来↔過去
野党↔与党

円滑↔沈滞
往信↔返信
過疎↔過密
訓読↔音読
購入↔売却
湿潤↔乾燥
充実↔空虚
主観↔客観
竣工↔起工
叙情↔叙事
人工↔天然
積極↔消極
先天↔後天
妥結↔決裂
直接↔間接
内容↔形式
反抗↔服従
否決↔可決
否定↔肯定
普通↔特殊
暴落↔高騰
無口↔多弁
理論↔実践

●同音異義語

異議　違った意見
異義　異なった意味
意義　物事の価値
威儀　作法にかなった立ち居振る舞い

委譲　他にゆだね、譲ること
移乗　乗りかえること
異状　いつもと違った状態
異常　普通とは違って、どこかくるっていること

鑑賞　芸術作品を味わい理解する
観賞　自然などを見て楽しむこと
勧奨　ほめて勇気づけること

態勢　物事に対する身がまえ
体勢　姿勢
体制　ものの組み立てられた状態
大勢　世の成り行き

対称　対応があり、つり合う
対照　照らし合わせ、比べる
対象　目標・相手

3 漢字の読みと書き

●漢字の読み

曖昧→あいまい
欠伸→あくび
小豆→あずき
行脚→あんぎゃ
行灯→あんどん
十六夜→いざよい
一夕→いっせき
慇懃→いんぎん
団扇→うちわ
蘊蓄→うんちく
会釈→えしゃく
会得→えとく
演繹→えんえき

婉曲→えんきょく
鷹揚→おうよう
凱旋→がいせん
案山子→かかし
陽炎→かげろう
忌憚→きたん
生粋→きっすい
詭弁→きべん
庫裏→くり
玄人→くろうと
解脱→げだつ
好事家→こうずか
更迭→こうてつ
困憊→こんぱい
雑魚→ざこ
些細→ささい
茶飯事→さはんじ

白湯→さゆ
塹壕→ざんごう
時化→しけ
疾病→しっぺい
収賄→しゅうわい
遵守→じゅんしゅ
熾烈→しれつ
真摯→しんし
脆弱→ぜいじゃく
相殺→そうさい
俎上→そじょう
松明→たいまつ
脱兎→だっと
投網→とあみ
納戸→なんど
捏造→ねつぞう
刷毛→はけ

法度→はっと
範疇→はんちゅう
逼迫→ひっぱく
比喩→ひゆ
普請→ふしん
霹靂→へきれき
反古→ほご
洞穴→ほらあな
名刹→めいさつ
結納→ゆいのう
所以→ゆえん
浴衣→ゆかた
罹災→りさい
輪廻→りんね
黎明→れいめい
漏洩→ろうえい
歪曲→わいきょく

●漢字を書く

あっせん → 斡旋
いんねん → 因縁
うけおい → 請負
うちょうてん → 有頂天
うんでい → 雲泥
えんかつ → 円滑
おんけん → 穏健
かきょう → 佳境
かつあい → 割愛
かわせ → 為替
ききゅう → 希求
ぎゃくたい → 虐待
きゅうだん → 糾弾
きんこう → 均衡
ぎんみ → 吟味
くちく → 駆逐
くちゅう → 苦衷

けねん → 懸念
けはい → 気配
けんお → 嫌悪
ざんじ → 暫時
さんだい → 参内
しさ → 示唆
しもん → 諮問
しゃふつ → 煮沸
しょくたく → 嘱託
すいこう → 遂行
せつじょく → 雪辱
ぜんじ → 漸次
そうぐう → 遭遇
そち → 措置
たいじ → 対峙
たいせき → 堆積
たいだ → 怠惰

だんがい → 弾劾
ちき → 知己
ちゅうよう → 中庸
ちょうふく → 重複
ていさい → 体裁
てんさく → 添削
なついん → 捺印
にゅうわ → 柔和
にょじつ → 如実
はあく → 把握
はいはん → 背反
ばっすい → 抜粋
はんぷ → 頒布
はんれい → 凡例
ひじゅん → 批准
ひめん → 罷免
ひよく → 肥沃

ひんど → 頻度
ふいちょう → 吹聴
ふぜい → 風情
ふんさい → 粉砕
ふんぬ → 憤怒
へいそく → 閉塞
ぼけつ → 墓穴
まいきょ → 枚挙
まっさつ → 抹殺
めんみつ → 綿密
もうら → 網羅
ゆいしょ → 由緒
ゆうずう → 融通
ようぎょう → 窯業
らち → 拉致
りちぎ → 律儀
わいろ → 賄賂

4 四字熟語と故事・ことわざ

●四字熟語

一期一会　いちごいちえ
人との出会いは一生に一度しかないものと思い、このときを大切にすべきだ

一陽来復　いちようらいふく
よくないことの続いたあとにいいことが巡ってくること

有為転変　ういてんぺん
万物が常に変化してやまないこと

雲散霧消　うんさんむしょう
物事が一度に消えてなくなること

玉石混交　ぎょくせきこんこう
すぐれたものとつまらないものが入り混じっていること

虚心坦懐　きょしんたんかい
先入観をもたず、さっぱりとしてわだかまりがないこと

巧言令色　こうげんれいしょく
言葉をうまく飾り、顔色をうまくつくろうこと

荒唐無稽　こうとうむけい
言うことがとりとめもなく、考えに根拠がないこと

自縄自縛　じじょうじばく
自分の言葉や行いで、動きがとれなくなり苦しむこと

枝葉末節　しようまっせつ
物事の本質から離れた、重要でない部分

千載一遇　せんざいいちぐう
めったにないよい機会

泰然自若　たいぜんじじゃく
落ち着いていて物に動じないさま

大同小異　だいどうしょうい
細かい点で異なってはいるが、大体同じであること

同工異曲　どうこういきょく
見た目は違うが、内容はさほど違わないこと

美辞麗句　びじれいく
立派らしく聞こえる言葉

不撓不屈　ふとうふくつ
困難にあっても屈しないこと

本末転倒　ほんまつてんとう
大事なこととそうでないことを取り違えること

羊頭狗肉　ようとうくにく
見かけはりっぱだが、実質が伴わないこと

●故事・ことわざ

阿吽《あうん》の呼吸
物事に当たるときにお互いの微妙な調子や呼吸が合うこと

虻蜂《あぶはち》取らず
両方のものを得ようとして、どちらも得られないこと

石橋を叩いて渡る
用心深い、慎重なことのたとえ

魚心あれば水心
相手がよくしてくれれば、こちらもそれに応えようとする気持ちになる

馬には乗ってみよ人には添うてみよ
物事はまず実際に経験してから確かめよというたとえ

火中の栗を拾う
人のために無理に危険をおかして、物事をすること

弘法にも筆の誤り
名人や達人でも失敗することがあるというたとえ

栴檀《せんだん》は双葉《ふたば》より芳《かんば》し
大成する人は子どものころからそのきざしがある

提灯《ちょうちん》に釣り鐘
釣り合わないことや比較にならないことのたとえ

鉄は熱いうちに打て
人は若いうちに教育し鍛えるべきであり、また、好機を逃してはいけないということのたとえ

二階から目薬
うまくいかずもどかしいことのたとえ

喉元過ぎれば熱さを忘れる
苦しかったことも過ぎてしまえば、その苦しさを忘れてしまう

覆水《ふくすい》盆に返らず
一度したことは取り返しがつかないというたとえ

臍《ほぞ》を噛む
後悔してもどうにもならないことのたとえ

馬子《まご》にも衣装
大した人でなくても外見を飾ればりっぱに見えるというたとえ

餅は餅屋
何事も専門家に任せるのが一番確かであるというたとえ

論語読みの論語知らず
書物の内容や理論を知っているだけで実行が伴わない人のたとえ

渡りに舟
何かしようとしているときに、都合よく助けがあることのたとえ

5 原稿用紙の使い方

■書くときのチェックポイント

●文字は一マスに一文字を楷書で書く。略字は避ける。

●漢字は、基本的には常用漢字を使う。不確かな漢字は、言葉を替えて違う表現で正確に書く。

一マスあける
書き出し、または段落の冒頭は一マスあける。

二重カギを使う
文献名は二重カギ（『　』）を使う。

漢数字を使う
数字は、原則として縦書きのときは漢数字、横書きのときは算用数字を使う。

開きのカッコは行頭に
改行して先頭に。

　学生生活のなかで最も印象深いことがらは、
高等学校時代に演劇部に入部したことである。
三年生のときの文化祭では、シェークスピア
の『リア王』の主役を演じた。この古典劇
（一六〇〇年代初頭に書かれた戯曲）に対し
ては、「自分たちにはむずかしいのではない

一緒に最後のマスに
句読点や閉じのカッコなどが行頭にきそうなときは、前行の最後のマスに一緒に入れる。

開きのカッコは置かない
行末に開きのカッコなどは置かない。次の行の先頭に置く。

同じマスに入れる
会話や引用文の句点と閉じのカギは、同じマスに入れる。

二マス分使う
—や……は、二マス分を使う。

一マスあける
疑問符(?)や感嘆符(!)のあとは一マスあける。試験時にはあまり用いないほうがよい。

か。」とか「翻訳劇で、『時代もの』なんて、
高校生で知っている人達がどのくらいいるの
か。」など批判的な意見もでた。もっと身近
なものにテーマを置き変替えたほうがいいのだ
ろうか……。部員たちと議論を重ね、演目変
更をすることにした。でも、本当にそうだろ
うか？　この戯曲には、今も昔も、時代を超
えて共通するテーマがあるのではないか。

二重カギを使う
カギカッコのなかにもう一つカギカッコがある場合は、二重カギ（『』）を使う。

二重線で消し、正しい文字を
誤字は二重線で消して、横に正しい文字を書く。脱字は挿入マークをいれて横に書く（シャープペンシル等を使用した場合は、消しゴムで消して書き直すのが一番だが、時間がないときにはこの方法でも可）。

■書き方の種類

一般的には①のような指示の出され方が多い。
それぞれの指示にきちんと従って書く。

①一行目から本文を書く。

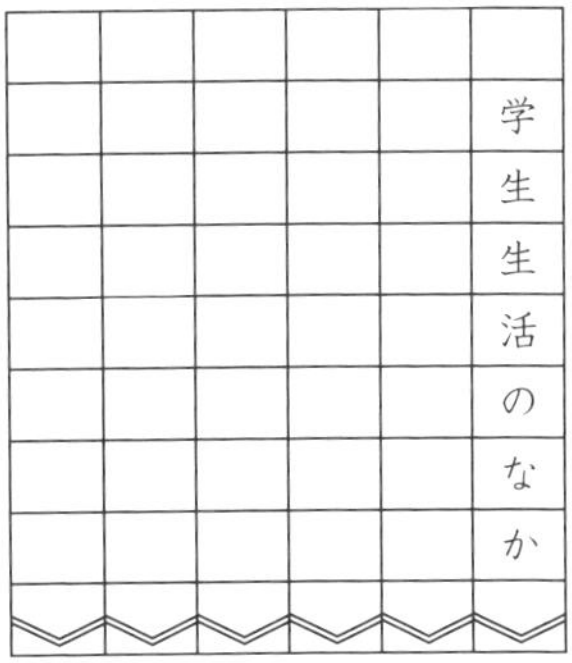
学生生活のなか

②題名と氏名を書いてから、本文にはいる。

一行あける
三マス程度あける
○○○私の学生生活
一行あける
鈴木太郎○
一マスあける
一行あける
学生生活のなかで最も印象深いことがらは

本文デザイン／たじまはる
本文イラスト／安部由記
編集協力／オフィス エル

本書に関する正誤等の最新情報は、下記のアドレスで確認することができます。
https://www.seibidoshuppan.co.jp/support/

上記アドレスに掲載されていない箇所で、正誤についてお気づきの場合は、書名・発行日・質問事項（ページ・番号など）・氏名・郵便番号・住所・FAX番号を明記の上、**郵送**または**FAX**で、**成美堂出版**までお問い合わせください。
※**電話でのお問い合わせはお受けできません。**
※本書の正誤に関するご質問以外はお受けできません。また受験指導などは行っておりません。
※ご質問の到着後10日前後に、回答を普通郵便またはFAXで発送いたします。
※ご質問の受付期限は、2025年の5月末日到着分までといたします。ご了承ください。

最新最強の作文・小論文 '26年版

2024年5月20日発行

編　著　成美堂出版編集部
発行者　深見公子
発行所　成美堂出版
〒162-8445　東京都新宿区新小川町1-7
電話(03)5206-8151 FAX(03)5206-8159
印　刷　壮光舎印刷株式会社

ISBN978-4-415-23838-8
落丁・乱丁などの不良本はお取り替えします
定価は表紙に表示してあります